Research on Knowledge Heterogeneity,
Alliance Governance Mechanism and
Enterprise Innovation Performance

知识异质度、联盟治理机制与企业创新绩效研究

陶 晨 著

ZHEJIANG UNIVERSITY PRESS
浙江大学出版社
·杭州·

图书在版编目（CIP）数据

知识异质度、联盟治理机制与企业创新绩效研究 /
陶晨著.—杭州：浙江大学出版社，2022.12
ISBN 978-7-308-23392-7

Ⅰ.①知… Ⅱ.①陶… Ⅲ.①企业创新一研究 Ⅳ.
①F273.1

中国版本图书馆 CIP 数据核字（2022）第 249598 号

知识异质度、联盟治理机制与企业创新绩效研究
陶　晨　著

责任编辑	曲　静
责任校对	贾晓燕
封面设计	周　灵
责任印制	范洪法
出版发行	浙江大学出版社
	（杭州市天目山路 148 号　邮政编码 310007）
	（网址：http://www.zjupress.com）
排　　版	浙江时代出版服务有限公司
印　　刷	广东虎彩云印刷有限公司绍兴分公司
开　　本	880mm×1230mm　1/32
印　　张	7.125
字　　数	125 千
版 印 次	2022 年 12 月第 1 版　2022 年 12 月第 1 次印刷
书　　号	ISBN 978-7-308-23392-7
定　　价	68.00 元

前　言

　　提升企业技术创新能力是企业获取持续竞争力的关键。随着技术创新和产品创新的市场竞争日益激烈,研发联盟、合作创新等战略方式的应用使创新行为逐渐演变成一种网络过程。然而对创新主体而言,创新的实现需要借助紧密的关系网络所产生的信任、规范以及共同语言等以实现各种复杂隐性异质性知识的分享与整合。一方面,有效获取外部异质性知识需要构建充满结构洞的稀疏网络;另一方面,又需要封闭与紧密的关系网络来实现异质性知识的有效吸收与整合。因此,企业间异质性知识、联盟网络治理机制对企业创新绩效的影响吸引了大量学者的注意。有学者提出异质性知识由于规模经济与知识共享,对企业创新绩效具有促进作用;但也有学者认为异质性知识由于容易产生理解冲突,难以转移、吸收,对企业创新绩效具有负面效应。因此,企业间知识异质度与企业创新绩效之间的关系较为复杂。而在联盟网络合作创新模式下,创新主体的网络位置及网络关系、联盟治理机制的复杂性加剧了企业利用异质性知识进行创新的难度。这使得企业迫切需要相关理论和实践的指导,有效的联盟治理机制使得联盟网络中创新主体识别、选取正确的合作伙伴,有效获取并利用异质性知识,发挥联盟网络创新的优势,从而促进企业创新绩效的提升。

为此,本书基于企业间研发联盟网络合作创新的背景,提出了以下科学问题:(1)联盟网络中企业的网络位置与企业间异质性知识之间存在何种关系?(2)正式与非正式的联盟治理机制对企业间知识异质度与企业创新绩效之间的关系是否存在调节效应?(3)企业间知识异质度是否是企业网络位置与企业创新绩效之间的中介变量?(4)如何选择合适的联盟合作创新伙伴与有效的联盟治理机制使企业的创新绩效得以提升?

为解决这些问题,本书首先在大量文献回顾与案例研究总结的基础上,得出理论研究的初步构思;其次,对上述研究问题进行理论分析,提出概念模型和相关假设;最后,基于上海、江苏、浙江、安徽、广东 322 个高新技术企业样本,利用层级回归分析和结构方程模型的方法进行实证研究。

基于上述研究,本书得出以下主要结论。(1)网络中心性与企业间知识异质度呈现正向相关关系,关系强度正向调节网络中心性与企业间知识异质度之间的关系,关系质量正向调节网络中心性与企业间知识异质度之间的关系。
(2)企业间知识异质度正向影响探索式创新绩效,企业间知
识异质度正向影响利用式创新绩效。(3)信任治理机制和
契约治理机制对企业间知识异质度与企业创新绩效之间的
关系存在调节作用,具体表现为:信任治理机制对企业间知
识异质度与探索式创新绩效的关系有正向调节作用,信任
治理机制对企业间知识异质度与利用式创新绩效的关系有
正向调节作用,契约治理机制对企业间知识异质度与探索
式创新绩效有负向调节作用,契约治理机制对企业间知识
异质度与利用式创新绩效有正向调节作用。(4)企业间知
识异质度在网络中心性与探索式、利用式创新绩效的关系
中均起到了不完全中介作用。

目　录

表目录

图目录

第1章　绪　论

本章内容主要包括四个部分——研究背景、研究问题、研究意义、研究内容与技术路线，旨在引出本书的选题依据，为涉及的问题提供现实基础和理论支撑，进一步引导本书后续工作的展开。

1.1　研究背景

持续提升企业技术创新能力是企业获取持续竞争力的关键，创新已经演变成一种网络过程。创新来自现有知识、信息及经验的重新组合，技术创新是国家在日益激烈的国际竞争中赖以生存和发展的基础，是企业获取持续竞争优势的主要来源。

因此，获取外部异质性信息与知识是构成组合创新的基础。研究表明构建充满结构洞的稀疏网络有助于行动主体及时接触到多样性的知识（Burt，1992，2004）。然而对创新主体而言，创新的实现需要借助更紧密的关系网络所产生的信任、规范以及共同语言等以实现复杂与默会知识的分享与整合。因此,一方面,有效获取外部异质性知识需要构建充满结构洞的稀疏网络;另一方面,又需要封闭与紧密的关系网络来实现异质性知识的有效吸收与整合。

创新是整合、吸收、利用异质性知识的复杂过程(Sammarra&Biggiero,2008),企业内与企业间的异质性信息和知识构成了组合创新的基础和源泉,同时也保证了企业的持续创新。大型战略多元化企业是技术与知识多元化企业,这些企业既是创新效益的受益者,也是创新和经济进步的主要源动力。

动态变化的商业环境使知识成为组织获取持续竞争优势的主要动力(Lyles&Salk,1996;Tsai,2001;Zahra et al.,2000),企业通过转移和获取新的知识,谋求生存和发展(Henderson&Cockburn,1994;Kogut&Zander,1992)。具有创新能力的企业可以有效运用新知识,不断创造新知识,迅速推出新产品,在竞争激烈的市场上展现出源源不断的生命力。可见,企业创新能力在企业持续发展的过程中扮演着越来越重要的角色。

有研究结论显示,企业越来越多地通过战略联盟和并购来获取知识(Bresman et al.,1999;Lane et al.,2001),从外部吸收知识已经成为企业成功的关键因素。也有越来越多的研究结论表明,企业内跨组织部门的知识转移有利于提高企业的收益（Gupta&Govindarajan，2000；Schulz，2001）。企业间的合作创新已经成为学界研究和企业创新发展关注的焦点，企业间和企业内的知识转移，尤其是创新联盟企业间异质性知识的获取和利用已经成为战略和组织研究的热点。

一直以来，人们都认为企业只应该关注其核心能力，诸如"只管自己的事情""聚焦核心业务""精简节约"等，在核心领域之外进行技术资源投入被认为是一种劣势。但随着产品的复杂性和系统性不断深化，技术创新和产品生产日益需要企业集成多个领域的知识资源，即"知道的比他们做的还多"（Brusoni et el.，2001）。因此，自 20 世纪 90 年代开始，基于知识与创新的新竞争范式，企业技术知识异质化现象开始引起西方学者的广泛关注。知识异质性表征企业的技术知识扩张到了多个知识领域，其形成和发展是一个知识积累的过程。企业既可以依托内部研发来积累多个技术领域的知识，也可以通过与外部组织的技术合作、联盟或技术并购（Cantwell&Santangelo，2006）来实现。

限于企业自身研发能力、技术复杂程度、研发成本、知识增长和扩散速度，以及产品生命周期等因素，企业仅依靠自身发展所需的知识不仅要面临巨大的风险，而且效果往往还不理想。因此，越来越多的企业开始强调开放式创新对获取创新想法或知识的重要性，并且越来越普遍地使用外部知识来源进行创新(Chesbrough，2003)。

以往研究主要关注网络结构对企业创新绩效的影响。具体来说，有些学者关注封闭与高密度的关系网络如何基于紧密的互动与高度的信任水平使其成员更容易相互利用资源(Coleman，1988；Portes，1998)，而Burt(1992，2004)等学者则强调了充满结构洞的稀疏网络对非冗余信息获取以及创新的重要性。实证研究表明，封闭性的网络有助于企业间的知识转移与创新(Ahuja，2000；Dyer&Nobeoka，2000；Schilling&Phelps，2007)，而其他研究则支持了结构洞网络对知识创新的促进效应(Hargadon&Sutton，1997；McEvily&Zaheer，1999)。

针对相互冲突的研究结论，学者们试图通过系统与权变的理念寻求解决之道(张巍、任浩，2012)。Tsai(2001)较早基于整合的思想综合研究了外部网络位置与内部吸收能力对企业创新绩效的影响。钱锡红等(2010)也基于本土数据探讨了企业网络位置与吸收能力对其创新绩效的交互效应。虽然这两项研究都取得了一定的成果，但并未触及问题的实质。因为吸收能力是相对的，并且在提供共同知识基础这方面可以作为网络结构的函数。最近Tortoriello和Krackhardt(2010)基于跨国公司情境对齐美尔联系(Simmelian ties)的研究有了突破性的进展。他们提出，齐美尔联系能否促进个体创新关键看其是否嵌入封闭与紧密的微观结构情境,从而将占据有利网络位置与嵌入紧密关系的网络统一起来。周长辉(2011)也得出了相似的结论。

与此同时,更多学者则提出网络结构对创新绩效的影响取决于创新主体的网络位置、联系的类型(Mahmood et al.,2011)、网络的构成成分(Phelps,2010)以及行动者所嵌入的情境(Mors,2010)等权变因素,而不可能存在一种普遍适用的结构类型(Adler&Kwon,2002)。有关研发联盟网络结构的研究还不完善,需要进一步探讨。除了网络结构,企业间研发联盟正式与非正式治理机制同样对企业吸收和整合外部异质性知识产生重要影响。总之,企业网络位置、异质性知识、联盟治理机制与企业创新绩效的关系尚需进一步研究。

1.2　研究问题

本书在大量阅读相关文献和大样本调研的基础上,综合运用适合的研究方法,基于企业间研发联盟网络合作创新的背景,提出了以下科学问题。

(1)联盟网络中企业的网络位置和网络关系与企业间异质性知识之间存在何种关系?

(2)正式与非正式联盟治理机制对企业间知识异质度与企业创新绩效(探索式、利用式)之间的关系分别存在何种调节效应？

（3）企业间知识异质度是否是企业网络位置与其创新绩效之间的中介变量？

（4）如何选择合适的联盟合作创新伙伴与有效的联盟治理机制使企业的创新绩效得以提升？

1.3 研究意义

1.3.1　理论意义

通过对相关文献的梳理可见，有关网络结构与企业创新能力关系的研究已经引起了学者们的广泛关注，成为当前研究的热点。然而，我们发现并不存在一个统一的理论框架将这些内容综合起来。

在技术迅猛发展与产品生命周期不断缩短的知识经济时代，企业技术创新模式从基于企业内部的线性范式向基于企业间的网络范式转变，拥有的异质性知识是其创新绩效和竞争优势的主要来源。现有研究主要从单一的网络结构视角探讨企业创新的困境与策略，研究结论有限甚至相互冲突。

除了网络结构，企业间正式与非正式联盟治理机制同样对企业吸收和整合外部异质性知识产生影响。考虑到网络位置与关系特征、权变的联盟治理机制设置对企业创新绩效的作用的研究较少,本书在此背景下,进一步探讨相关问题,在本学科领域内具有一定的前沿性和研究价值。

(1)研究创新主体所处的网络结构特征对其获取外部异质性知识的作用。分析企业嵌入研发联盟网络的结点属性,以及结点间联系的不同对其获得外部所需资源,尤其是异质性技术知识的影响,并通过占据有利的网络位置进一步提升自身的创新绩效。

(2)研究创新主体的联盟网络位置作用于其创新绩效的路径。本书基于联盟合作创新的网络视角,通过探究企业网络中心性、企业间知识异质度、企业创新绩效三者之间的关系,揭示企业间知识异质度在网络中心性与企业创新绩效之间不完全中介效应的作用机理。

(3)揭示联盟合作创新背景下,创新主体间知识异质度与联盟治理机制对其创新绩效的影响效应。探讨正式与非正式联盟治理机制对企业间知识异质度与企业创新绩效之间关系的调节效应,以此提出联盟治理机制权变设置的理念。

1.3.2　现实意义

(1)为联盟合作创新网络中的核心企业即占据网络中心位置的创新主体如何通过网络关系的判断识别,在合作创新联盟成立之前选择合作伙伴,进行事前治理提供政策建议。

(2)为企业权变设置联盟治理机制,主动优化联盟合作创新网络治理以实现企业创新绩效的提升提供对策建议。本书通过对现实状况的考察,剖析研发联盟网络嵌入背景下企业间知识异质度与联盟治理机制交互作用于企业探索式创新、利用式创新的内在机理,为企业实现技术创新能力的提升提供战略思路。

(3)为政府和相关组织制定企业技术创新活动支持性政策提供决策参考。本书将就如何构建和优化外部知识网络、引导企业发展创新模式、改善外部环境等方面提出政策建议与具体措施。

1.4 研究内容与技术路线

1.4.1 研究内容

本书主要研究内容及结构安排如下。

第1章绪论。主要介绍本书的研究背景、拟解决的关键问题及理论、现实意义。梳理本书的研究思路,简要介绍本书总体框架与各章内容安排,提出所采用的研究方法和技术路线。

第 2 章文献综述。追踪并总结本书,进而把握研究问题的前沿发展。厘清现有研究的局限,聚焦突破研究局限的新方法与新视角。对企业间知识异质度、联盟网络、联盟治理机制、企业创新绩效等概念进行了梳理,对现有的相关研究进行了总结和评述。

第 3 章探索性案例研究。本书选取两个案例,通过案例选择、数据收集、案例分析的研究过程,推导出企业网络位置、企业间知识异质度作用于企业创新绩效的整体研究框架,以及提出关于网络位置、知识异质度、联盟治理机制与企业创新绩效之间关系的初始假设命题,为后续章节的模型构建提供支持。

第 4 章概念模型构建与研究假设。在文献综述、探索性案例分析的基础上,构建总体概念模型和各个子研究模型,并列明具体的研究假设。

第 5 章研究方法。从开发与设计调研问卷、收集问卷数据、相关变量测量及统计分析方法等方面对本书的研究设计和研究方法等内容作详细的阐述。

第 6 章实证研究结果。报告各子研究的信度和效度分析、描述性统计与相关系数、同源方法方差检验、回归方程分析结果以及结果讨论。

第 7 章结论与展望。综合上述研究内容,整理研究结论并提炼主要成果。总结本书的创新点和管理启示,提出相关政策建议。在此基础上提出本书存在的不足之处，并讨论后续研究需要进一步开展的方向。

1.4.2 研究方法与技术路线

（1）文献研究方法

文献梳理与分析是了解相关理论、研究成果、研究范式与方法的起点，也是选择研究主题和研究设计的基础性工作。通过阅读、分析和归纳文献，可以厘清企业网络位置、关系特征、企业间知识异质度、联盟治理机制对企业创新绩效的研究现状，并对相关基本概念进行明确界定，剖析它们的内涵与特征，在此基础上构建本书的概念模型。

（2）案例研究方法

本书的研究对象与视角均基于中国现实情境，这与国外相关理论与实证研究的前提假设存在差异，探索性案例研究正是弥补该缺陷、体现情景特殊性的最优方法。在研究过程中，本书通过两个典型案例的探索性案例研究，在案例内分析和案例间比较的基础上，提出本书的基本理论框架和基本命题，并以此作为本书假设提出的基本依据。

（3）定量实证研究

在充分的理论探讨、案例分析并形成初步研究假设后，本书采用了大样本问卷调查的方法获取研究所需的足够数据。在此基础上，利用描述性统计分析、信度分析、效度分析、相关分析、层级回归分析、结构方程建模等统计分析方法对样本数据进行分析，定量检验本书的基本假设。

（4）技术路线图

首先，在研究背景的基础上，提出四个紧密相关的研究问题。

其次，在以往研究和探索性案例研究的基础上，构建概念模型，发展研究假设。

再次，通过调查问卷收集数据，实证研究假设，其中：子研究 1 考察企业网络中心性对企业间知识异质度的直接影响效应，以及联盟合作网络关系（关系强度、关系质量）如何对两者之间的关系产生影响，主要使用层次回归分析；子研究 2 考察企业间知识异质度对企业创新绩效的直接影响效应，主要使用层次回归分析；子研究 3 考察联盟治理机制（信任治理机制、契约治理机制）如何调节企业间知识异质度与企业创新绩效之间的关系，主要使用层次回归分析；子研究 4 探究企业间知识异质度在企业网络中心性与企业创新绩效之间的中介效应，主要使用结构方程模型与层次回归分析法。

最后，总结本书结论，讨论本书的理论贡献、管理启示、研究局限和未来研究方向。

```
        ┌──────────────┐  ┌──────────────┐
        │  现实问题思考  │  │  理论研究背景  │
        └──────────────┘  └──────────────┘
                │                │
        ┌───────────────────────────────────┐
        │              文献综述               │
        │  ┌──────────┐    ┌──────────────┐  │
        │  │  联盟网络  │    │  联盟治理机制  │  │
        │  └──────────┘    └──────────────┘  │
        │  ┌──────────┐    ┌──────────────┐  │
        │  │  知识异质度 │    │  企业创新绩效  │  │
        │  └──────────┘    └──────────────┘  │
        └───────────────────────────────────┘
                         │
  ┌─────────────────────────────────────────────────────────┐
  │ 网络中心性、企业间知识异质度与创新绩效关系研究关系与治理的调节作用 │
  └─────────────────────────────────────────────────────────┘
                         │
              ┌────────────────────┐
              │    探索式案例研究     │
              └────────────────────┘
                         │
```

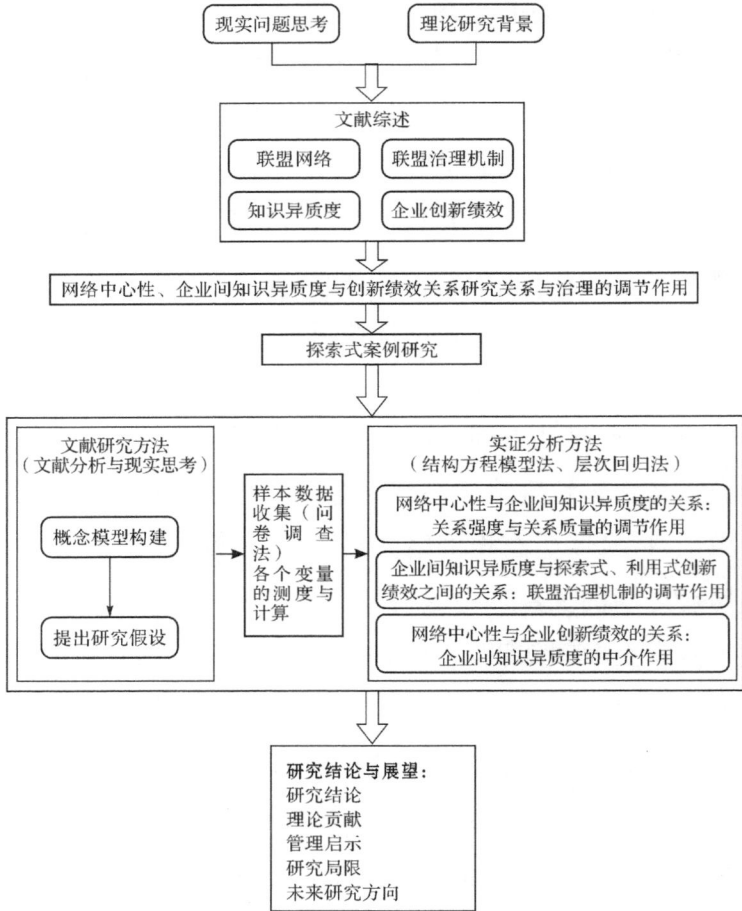

图 1.1 技术路线

文献研究方法
（文献分析与现实思考）

概念模型构建

提出研究假设

样本数据收集（问卷调查法）各个变量的测度与计算

实证分析方法
（结构方程模型法、层次回归法）

网络中心性与企业间知识异质度的关系：
关系强度与关系质量的调节作用

企业间知识异质度与探索式、利用式创新绩效之间的关系：联盟治理机制的调节作用

网络中心性与企业创新绩效的关系：
企业间知识异质度的中介作用

研究结论与展望：
研究结论
理论贡献
管理启示
研究局限
未来研究方向

图 1.1 技术路线

第 2 章　文献综述

本章回顾国内外相关研究的主要成果,旨在为本书确定研究目标、梳理研究思路、选择研究切入点等工作提供线索和支持。

文献检索的途径和资料查阅方法如下:第一,国内资料查询,包括中国期刊全文数据库、中国博士论文全文数据库、中国重要会议论文全文数据库、维普中国科技期刊数据库,相关著作、研究报告、统计资料等出版物,以及其他中文网络资源等;第二,国外资料查询,包括 Elsevier 数据库、Web of Science 数据库、Ebsco 数据库、各高校学位论文数据库,以及 Google 学术搜索网站等;第三,对"联盟网络""关系强度""关系质量""治理机制""信任""契约""创新绩效"等关键词进行组合检索,对文献进行分类介绍并予以述评。

2.1　网络

2.1.1　网络及网络形态

管理学领域中网络(networks)的奠基人 Jarillo(1988)将网络概念归结为一种组织形式,指出网络是一种长期的、有目的的组织安排,其目的在于使企业获得长期的竞争优势。

Gulati(1998)首次提出"网络"是用于组织伙伴关系的一种正式结构,并以外生资源依赖和内生嵌入驱动为基础分析了联盟网络的动态演进过程。战略网络(strategic networks)中的组织间联系是持久并具有战略意义的(Gulati et al.,2000),网络成员间持久、重复的交换关系是这种网络的关键特征(Podolny&Page,1998)。

网络具有多种形式,主要包括企业内部网络(intra-corporate network)、战略联盟(strategic alliance)和集群(clusters)(Inkpen&Tsang,2005)。

企业中具有多个组织(或经营单位),企业总部对下属组织(或经营单位)具有所有权和控制权,这些组织构成了企业内部网络(Hansen,2002)。Ghoshal 和 Bartlett(1990)将企业内部网络看作一个多组织集合体,而不是一个单体组织。因为研究组织间现象的网络关系概念可以被用于企业内部网络,使得对该种网络的结构、运作和治理方向的研究可以得出更多有价值的认识。与外部市场机制相比,企业在内部网络环境中转移知识、应用知识的能力具有更高的效率和更好的效果(Gupta&Govindarajan, 2000; Almeida&Phene,2004)。

一个战略联盟可以由价值链上处于相同位置和不同位置的企业所组成,联盟中的企业也可能生产相似产品并在同一区域市场展开竞争(Hamel et al.,1989)。战略联盟是一个多企业集合体,这些企业进行产品、技术和服务的交换、共享以及协同发展(Gulati,1998)。战略联盟是企业获取知识或学习创新能力的一种重要的策略和组织形式,中国的技术(密集)型企业正试图通过战略联盟进入高新技术领域,中外企业合作成为首选的方式(李新春等,1998)。研发联盟是针对企业间技术创新的一类联盟。

集群是指"一个网络,这个网络中有很多独立的企业,这些企业在相同或相关的细分市场中运作,共享同一地理位置,从外部经济聚集的规模和范围中获益"(Brown&Hendry,1998)。集群是在某一特定区域内,被共同性和互补性联结的、地域相近并相互关联的企业和机构的集合(Porter,2000),集群具有产业属性和地理集中特性。

网络结构包括三个要素:网络结点、结点间联系和网络整体,对网络结构与企业间创新绩效关系的研究也主要集中于这三个方面(Watts,1999;林润辉、李维安,2000)。

2.1.2 多层次网络与嵌入性理论

企业多层次网络理论始于 20 世纪 80 年代,当时组织理论的学者们开始意识到组织结果对组织的不同层面会产生影响,同时也能在不同层面找到可以被解释的原因。根植于系统理论,多层次理论使得组织理论开始从单一层面的分析转向将组织视作复杂与相互联系的社会系统(张巍、任浩,2012)。

随后,由于 Hitt 等(2007)众多学者的工作,多层次理论开始被应用于组织情境,转向对企业的分析。现有关于企业多层次网络的分析主要包括组织系统内网络理论概念与理论关系跨层次的同构程度、跨层次效应的机制以及跨层次效应的条件分析等(Moliterno&Mahony,2011)。

"嵌入性"是新经济社会学中的一个核心概念,Granovetter(1985)从"嵌入性的问题"研究"社会结构影响经济行为与绩效"这一命题,提出"嵌入性"是指经济活动融入不断发展的社会关系模式之中,并认为嵌入性理论是对新古典经济学"低度社会化"和古典社会学"过度社会化"的折中。他提出"嵌入性"分为关系嵌入性和结构嵌入性两大类型,前者关注关系特征,如信任等;后者关注关系的结构特征,如中心性、网络密度和网络范围等。他将分析视角从二元关系转向整个系统,这一分类框架成为后续理论分析的经典框架。Zukin 和 DiMaggio(1990)拓宽了 Granovetter(1985)提出的嵌入性定义,增加了嵌入性类型,将嵌入性分为结构嵌入性、认知嵌入性、文化嵌入性和政治嵌入性四种类型,并且分析了这四种嵌入性类型对经济理性行为的影响。Uzzi(1996)提出了"嵌入性悖论(the paradox of embeddedness)"的观点,将 Granovetter(1985)的嵌入性观点发展成一个明确的理论命题。另外,Andersson 等(2002)根据 Granovetter(1985)对嵌入性的分类,研究了外部网络嵌入对跨国公司子公司绩效及竞争力发展的战略影响。Hagedoorn(2006)则区分了三个层次的嵌入性。上述学者及其观点前后有一定的关联,代表嵌入性理论发展的基本脉络。

关于网络关系的变量阐释,Chen 等(2010)认为关系质量是指善意的信任和互惠的期望相互交互的程度,认为合作企业之间的关系质量包括相互信任、相互承诺和相互满意。

宋喜凤等(2013)将关系质量定义为"IT 外包中发包方与接包方之间的关系有助于实现预期双方合作结果的程度"。刘刚和王岚(2014)将研发合作关系质量界定为研发合作中双方重要人士对研发合作过程和效果的评价。

Velez 等(2015)进一步阐释为由于合作企业之间的关系非常复杂,企业需要提高关系质量作为长期销量、利润和企业成长的关键因素,并基于企业间合作和联盟的视角,将关系质量引入国际企业合作领域的研究,认为其是由适应、承诺、合作、满意度、信任和理解构成。

Chang 等(2012)将关系质量划分为社会能力、信息交换、联系频率三个维度。

2.2　知识与知识异质度

2.2.1　知识

(1)知识的定义及内涵

知识被定义为一种增强实体有效行动能力的合理信念(Huber,1991;Nonaka,1991)。知识是结构性经验、价值观念、关联信息及专家见识的流动组合,为评估和吸纳新的经验和信息提供了一种构架(Davenport&Prusak,1998)。在组织机构中,知识往往不仅仅存在于文档或知识库中,也根植于组织机构的日常工作、流程、惯例及规范之中(Davenport&Prusak,1998)。知识被描述为一种认知状态或认知事实,而认知是从经验和学习中得到的一种理解状态。知识也被描述成认识、发现、学习的范围与总和(Schubert

et al.，1998)。根据相关学者(郑文全，2012)的研究，知识可以从以下几个视角来分析(见表 2.1)。

表 2.1　知识观点及内涵

知识观点	内涵	文献
一种思想状态	强调使个体拓展其知识范围来满足组织的需要	Schubertet al.，1998
一种对象	知识是一种可以被储存和控制的事物	Carlsson et al.，1996
一种过程	这个过程观点强调专业技能的应用	Zack，1998
一种获取信息的条件	知识一定要被组织起来使获取和检索内容变得更加便利	McQueen，1998
一种能力	知识不仅是具体行动的一种能力，也是一种应用信息的能力	Watson，1999

(2)知识的分类

知识表达的方式包括语言、图形、手势，甚至数学模型，人们知道的比能清晰表达出来得多。Nonaka(1994)解释了组织知识的两个维度：隐性的(tacit)和显性的(explicit)。知识的隐性维度(以下指的就是隐性知识)根植于行为、经验并涉及具体的情境，包括认知因素和技术因素(Nonaka，1994)。那些容易清晰表达的知识被称为显性知识(explicit knowledge)，而难以清晰表达的知识被称为隐性知识(tacit knowledge)，显性知识和隐性知识是一对相对的概念(Nonaka，1991)。认知的因素指的就是个人的思维模型，包括思维导图、信仰、范例和观点。技术的因素包括具体的技能、技艺和应用于具体情境下的能力。例如,接近某一个特定顾客的最佳方式——用阿谀奉承的方式,用强卖的方式,或者用简单实用的方式。知识的显性维度(以下指的就是显性知识)可以用符号和(或者)自然语言的形式来阐述、编码以及交流。例如,购买电子产品时附赠的用户手册,其中有关于产品准确操作的知识。知识也可分为个体知识和集体知识(Nonaka,1991)。个体知识由个人创造并储存于个体中;集体知识由集体创造并储存集体中。Nonaka(1991)的理论极大地依赖于隐性知识和显性知识以及个体知识和集体知识的区别,但这些理论并未就这些知识类型间的关系做出具体说明。根据相关学者(郑文全,2012)的研究成果,本书列出如下关于知识分类的主要内容(见表2.2)。

表2.2 知识分类及举例

知识类型	解释	举例
隐性知识	根植于行为、经验并存在于具体情境	应对特定客户的最好办法,外科手术技能
显性知识	相关的、可概括的、明晰可描述的	某一区域主要消费者的知识
个体知识	个体创造与固有的知识	完成任务所获得的知识
集体知识	团队创造与固有的知识	团队间的沟通规范
陈述性知识	知道是什么	适用于某种疾病的药物

知识类型	解释	举例
程序性知识	知道是怎样	如何管理一种特别药品
因果性知识	知道为什么	理解药品起作用的原因
条件性知识	知道何时	理解什么时候配药
关系性知识	知道与何相关	理解某药品与其他药品的相互作用
实务性知识	于组织有用的知识	业务结构、项目经历、工程制图

资料来源：郑文全（2012）

2.2.2　知识异质度

由于异质性知识和技术等资源在企业创新能力的持续发展中具有特殊的意义，并蕴含了巨大的潜在价值，因此大量文献对知识异质度的概念进行了阐述。在相关领域的主要文献中，与知识异质度（knowledge heterogeneity）相同的概念有技术差异化（technological diversity）、技术距离（technological distance）、知识多样化（knowledge diversity）、认知距离（cognitive distance）等。

在技术创新领域，Argyres（1996）认为技术知识异质度是对企业内部技术开发区域范围的具体度量，即其技术开发的区域是广泛还是狭窄；Breschi 等（2003）认为，技术知识异质度指的是企业技术知识库差异的程度，在研发联盟中，异质度是一个多维度的概念，一般被认为是合作伙伴在分布特征上的差异程度;Rodan 和 Galunic(2004)将知识异质度定义为个体所接触的网络中可获得的知识、诀窍和技能的多样化程度。在营销领域,Bonner 和 Walker(2004)认为顾客知识异质度是指有影响力的顾客群在技术、市场、战略以及社会影响维度表现出的对产品相关信息掌握的差异化程度。Stirling(2007)指出在个体网络中,知识异质度指的是由独立元素构建的系统中元素的分布频率,以及它们之间的差异程度。Phelps(2010)将网络技术异质度定义为企业所需要的技术知识与网络内伙伴企业以及核心企业之间的差异程度。

根据叶江峰等(2014)关于内部知识异质度与外部知识异质度的解释,知识异质度根据内外层次的不同可作如下表述。

(1)知识孤岛:这是一种由内部低知识异质度与外部低知识异质度组合而成的点—点的合作创新形式。当异质性知识在创新过程中没有必要时,这种知识孤岛行为时常产生。它适用于专有技术领域的合作,形式单一、目标明确,有利于企业间深层次的交流与互换。由于同质性知识较常见,异质性知识缺乏,因此企业间的合作是一种平衡学习交流的过程。这种过程缺乏集体性的学习与交换,个体与团队的知识难以转化为企业知识。同时,由于缺乏高异质度知识,因此难以适应外部动荡的创新环境。

（2）知识桥梁：这是一种由内部高知识异质度与外部低知识异质度组合而成的面—点的合作创新形式。它建立了企业内部创新子模块通往外部特殊知识的专有桥梁，有利于内部局部创新元素价值的提高，最终通过子模块的混合与匹配完成技术系统的创新与整合。但是，这仅仅是一种局部学习的过程，没有激发企业内部的集体性学习，因此难以转化为企业知识。另外，这种形式的外部合作对象局限于某种特殊企业或者技术。过去适用于地域上较邻近的公司，现在可以通过一定的网络关系进行促动。

（3）知识风景：这是一种由内部低知识异质度与外部高知识异质度组合而成的点—面的合作创新形式。这种组合使得企业不仅可以接触到所需要的专有创新知识，而且还可以学习其他异质性知识，因此面临的是一种知识风景。另外，它激发了企业内部对外部异质性知识的集体学习和整合，促进了大量企业知识的生成。但是，由于企业自身被低知识异质度限制，企业的知识库扩张受到约束。同时，低知识异质度也容易导致企业学习模式僵化，难以应对动荡的创新环境。

（4）知识社区：这是一种由内部高知识异质度与外部高知识异质度组合而成的面—面的合作创新形式。这种形式使得企业可以接触到大量的异质性知识，不同领域内的合作较频繁，因此是一种知识社区的行为。它不仅为个人知识的发展提供了机会,也为团队知识和企业知识的储存提供了机会。同时,由于企业本身知识异质度高也容易适应、理解和学习外部异质性知识,进而适应外部动荡的创新环境。但是,这种合作创新的管理、协调与沟通成本较高,一些非关联的知识交流也容易导致合作创新目标的偏离。

鉴于叶江峰等(2014)的研究,本书认为知识异质度可以引申出进一步的分类:企业内知识异质度与企业间知识异质度。本书认为企业间知识异质度是指联盟网络中核心企业(创新主体)与网络中其他合作企业之间有关技术知识领域的差异化程度。

2.3 联盟治理机制

2.3.1 制度与治理机制

联盟治理机制的发展源于经济学领域的交易治理,交易治理的概念源于制度,制度这一概念已经被不同的学者从不同的角度进行了定义。North(1991)认为,制度是"人为制定出的种种约制,其规定了政治的、经济的和社会的交互,这既包括非正式约制(审裁、避讳、习俗、传统以及行为准则),也包括正式约制(宪章、法律、产权)"。

另外,North(1984)认为,"制度由一套针对行为的约制构成,这套约制以规则和管制的形式存在,并且制度最终就是一套道德、伦理和行为规范,正是这套规范定义了范围,限定了规则和管制实现的具体方式以及强制力执行的具体方式"。

Schmid(1972)将制度定义为"人与人之间多套有序的关系,该关系定义了他们的权利、广义义务、优先权与责任"。

Bromley(1996)认为,"制度落于两大范畴内:惯例和规则,或者说是权益"。

Schotter(1981)将制度视为"行为上得到某个社会全部成员所认同的规律性,这种规律性确定了在具体重复的场景中的行为"。

正如 Furubotn 和 Richter(1991)所言,"现代制度经济学的关切在于财产之制度和规范之系统,此类系统治理着产权的获取和转让"。

交易成本经济学主要关注契约关系的治理,然而治理并不是孤立进行的。治理的各种备择模式的比较绩效,一方面随着制度环境变化,另一方面也随着经济行动者的特性变化。交易成本经济学因此提出了一个三层次框架,按照这一框架,治理这一分析对象既为更客观的特征(制度环境)所包容,也为更微观的特征(个体)所包容。撇开反馈(这在交易成本经济学结构中还未充分发展)不谈,制度环境被认为是各种替代参数的集中地,其中的变化引起比较成本的变化;而个人则是行为假定的出发点。

Friedland 和 Alford(1991)也提出了一个把环境、治理、个体区别出来的三层次框架模式,只是侧重点有所不同。他们把个人置于核心位置,并认为分析的三层次是"嵌套在一起的,其中组织与制度确定了个人行为水平越来越高的约束机制"。

治理是"一系列活动领域里的管理机制,它们虽未得到正式授权,却能有效发挥作用",在层级组织与市场中,治理机制都居于核心地位(郝臣,2005)。新制度经济学并不排除对中间组织的研究,Williamson(2002)也承认"混合模式比我们迄今所认识到的要重要得多,经济组织的许多难题引发了对事后治理机制的考察与阐释"。因此,网络组织及其治理机制也被新制度经济学纳入研究范畴。从 Williamson(2002)论述的内容来看,治理机制更多的是关于信任、声誉、制裁等机制。

制度环境与治理机制之间的第一个突出区别在于前者主要定义了(也可以被认为是约束了)后者的环境,第二个区别在于分析的层面迥然不同。治理机制是单一交易层面的问题,然而制度环境更为关心活动的复合层面。

契约是交易双方签订的,用以实现合作与利益分配的具有法律约束的协议。以订立契约的方式建立治理结构,意在充分认识和分析交易中潜在的冲突因素,运用契约机制降低交易成本,从而促进合作关系的实现。依据交易成本理论,企业倾向于订立完全契约,通过契约履行、法庭调解来实现企业的经济利益。但这种基于完全竞争条件下的假设并不完全适用于现实的非完全竞争环境。Williamson(2002)的契约理论指出,在人的有限理性、机会主义行为、资产专用性、信息不对称等一系列因素影响下,契约订立表现出不完全特征,时常出现一方获利一方受损的情形。

正如 Williamson(2002)所指出的,对于能够掌握对称信息、不存在机会主义行为的计划性交易,只要促进交易各方按照先前订立的契约规则进行交易的有效性条件形成,交易各方即可以自我实施的方式展开交易。对于交易分散、机会主义行为涌现、交易者存在有限理性的竞争性交易,则需要严格订立正式的交易条款与执行程序以监督交易的进程。无论是自我实施的契约治理机制还是监督执行的契约治理机制,以契约治理不确定性交易,能够预先明确交易双方的责任和义务以及双方应担任的角色,规定了合同执行的监督过程以及对违约行为的惩罚标准,拟定了对未来不确定事件的解决程序和方法,并最终确定了合同执行结果以及收益、产出情况,从而降低事前、事中与事后交易成本。

刘雪梅(2012)对联盟治理机制的研究分类见图2.1。

联盟治理机制包括正式治理机制和非正式治理机制。

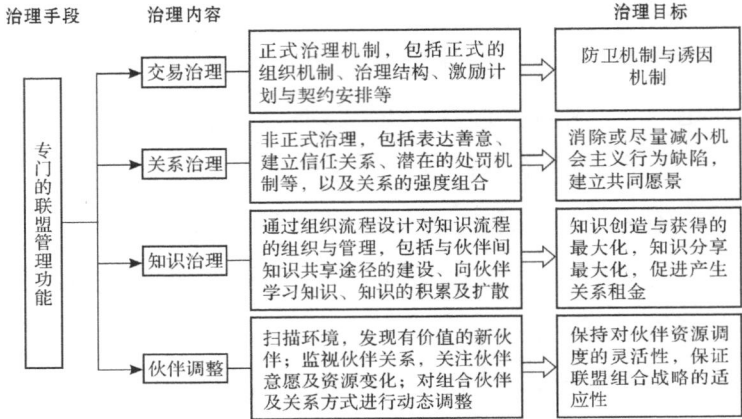

图 2.1　联盟治理机制

正式治理机制包括契约的义务以及为了合作所设计的正式的组织机制（Dekker，2004），是一种能独立于特定个人及其关系的操作机制，明确地表明所期望的结果或行为。

正式治理机制包括目标设立、书面契约、行为与绩效监控系统等机制；非正式治理机制是指社会性控制（social control）与关系式治理（relational governance）（Dekker，2004），是以非正式的文化与系统来影响成员，并以自我规范作为治理机制的基础（Ouchi，1979）。

非正式治理机制产生作用的前提是人们能决定自己的行为，能自我控制。如关系式治理，包括信任、名声、关系弹性、信息交换与共同行动等机制（刘雪梅，2012）。

从社会过程来看，网络治理机制是依赖"隐形和开放式合约"的激励机制,它们往往受到社会机制支持而非法律强制。在创业情境下,新企业与其他企业间的交流或合作更多依靠道德义务、声誉、情感、信任等手段来维系。这意味着信任作为创业网络治理机制的重要因素,成为促进企业间持续性、常规性交易的产生,确保新企业获取资源的重要制度安排。新近的研究也指出,信任不仅是社会环境的产物,而且也是个体可改变的行为;信任是一种理性的选择,可以通过信号识别、可信度衡量等来建构并实现。这意味着信任作为可改变的理性要素,成为创业网络治理的重要构成(韩炜、杨婉毓,2015)。

李晓东和王龙伟(2016)的研究指出,与交易成本理论观点不同,社会交换理论认为,联盟各方在长期、重复的交往过程中还会建立相互信任。在联盟背景下,信任是指联盟成员之间相互的信心,相信合作伙伴不会采取机会主义行为。作为社会治理机制的重要方面,信任有助于合作企业双方的相互认同和理解,从而使双方对于问题的看法和理解更趋于一致。此外,相互信任可以让合作企业双方产生一种自我约束意识,从而主动抑制自身可能出现的机会主义行为。然而,对于联盟合作创新伙伴的过度信任也会导致一定的风险:一是引起监督的不足,在一定程度上削弱了企业对合作伙伴机会主义行为的约束;二是维持长期的信任使得企业被"锁定"在已有的合作关系之中,影响企业新联盟合作创新伙伴的寻找。

2.3.2 契约治理机制与信任治理机制

网络理论强调以信任为核心的治理机制,而交易成本理论则注重以市场契约为手段对治理机制予以规范化的分析(韩炜、杨婉毓,2015)。

(1)契约治理机制

解释网络的方法之一,就是将其视为一种非层级制的契约关系。具体而言,在认知假设方面,交易成本经济学承认有限理性;在自立性假设方面,则承认机会主义。其中有限理性被定义为这样一类行为,即"意欲理性的,但仅是有限的如此"(Simon,1961)。而机会主义被定义为这样一类行为,即用欺诈手段寻求自身利益。因为有限理性的存在,所有一切复杂契约都不可避免地是不完备的。同时,因为机会主义的存在,不受可信承诺支持的契约这一本来非常方便好用的概念也被极大削弱了。

交易成本经济学承认复杂契约不是一种可行选择(因为有限理性)。实际上,有限但意欲的理性可以被转换为不完备但远见的契约。由此,交易成本经济学所倚重的契约观正是"完整而不完备的契约"。这一表述看上去颇有矛盾之感,但实际上经济学家已经放下了以往的固执己见,即有限理性意味着"满意化",认为这一观点直觉上可以接受

（Williamson，1979），并且他们开始接受新的观点，即有限理性意味着完整而不完备的契约。

以订立契约的方式建立治理结构，意在充分认识和分析交易中潜在的冲突因素，运用契约治理机制降低交易成本，从而促进合作关系的实现（韩炜、杨婉毓，2015）。依据交易成本理论，企业倾向于订立完全契约，通过契约履行、法庭调解来实现企业的经济利益（Poppo&Zenger，2002）。但这种基于完全竞争条件下的假设并不完全适用于现实的非完全竞争环境。Williamson（2002）的契约理论指出，在人的有限理性、机会主义行为、资产专用性、信息不对称等一系列因素影响下，契约订立表现出不完全特征，时常出现一方获利一方受损的情形。

在联盟网络创建时主要采用正式治理机制，即契约治理机制，是指通过书面契约形式所决定的可观察的规则或通过权力和所有权等正式职位所决定和执行的规则。

（2）信任治理机制

由于认识到所有复杂的契约都不可避免地是不完备的（因为有限理性），而契约作为一种治理机制则充满了风险（因为机会主义）。信任治理机制作为一种非正式机制，逐渐演变成一种典型的联盟治理机制。

关于信任的含义，"信任"是个好字眼，"风险"也是。社会科学家早已开始把各种信任状况描述为"那些涉及风险状况的子集"。在这些状况中,一个人所承担的风险取决于另外一个行动者的行为(Coleman,1990)。按这种说法,当一个面临风险的人把自己托付给另一个人而产生的预期净收入为正,否则预期净收入为负时,信任就是正当合理的,我们可以认为接受这样一种风险的决定必然意味着双方存在信任(Coleman,1990)。

　　Gambetta(1988)组织了很有影响的系列学术班,反复研讨这个主题,并以"Trust:Making and breaking coopera-tive relations"为题发表了文章。本书下述统一评论,"有关信任的定义比较集中,可总结如下:信任是一个特定的主观概率水平,一个行为人以此概率水平判断另一个行为人群体将采取某个特定行动,当我们说我们信任某人或者某人值得信任时,我们的隐含意思就是,他采取一种对我们有利或至少对我们无害的行动的概率很高,足以使我们考虑与他进行某种形式的合作"(Gambetta,1988)。机会主义是一个寻求自身利益的假设,单纯追求自身利益的经济代理人会不断地考虑自己的偏好,但他们也会公正地披露所有相关的探究信息,会可靠地履行所有合同。"信任是所有交易的核心,而经济学家却很少讨论这个概念"(Dasgupta,1988)。Dasgupta(1998)详细阐述了"人与人之间需要建立信任,为此,首先他们必须反复接触,他们还必须在某种程度上记得以前的经历。其次,要使诚实具有作为一个观念的效能,则诚实的行为中就必定包含某种成本。最后,信任与名誉相联系,而名誉是获得的"。Dasgupta(1988)进一步说明,如果激励适当,甚至一个值得信任的人也可能被依赖得不可信任。

联盟网络创建后,在契约治理机制的基础上同时采用信任治理机制。信任治理机制是指通过联盟企业间的主观信任,影响和决定结点间的交易行为。因此,信任不可能通过书面契约获得,也不必通过正式职位来制裁。

信任是一种蕴含于身处社会关系中的个体或组织之间,基于便捷而非经济利益计算的处理过程的治理机制。依据网络组织理论,信任有助于高度特殊交易、非常规交易的发生,而且对于交易效率的提升、交易关系的增进都有着积极的促进作用。

对于信任的作用,网络治理研究给予了较多的关注。一些研究整合网络理论和治理理论后指出,信任是可以替代契约的一种治理机制。原因在于:尽管契约的订立是为了降低交易成本,然而从契约草拟、契约谈判、确保契约得以履行的准备到讨价还价、契约订立等事前事后活动都蕴含着较高的治理成本。相比之下,网络治理理论主张信任往往表现为一种信念,即企业不以交易伙伴的损失为代价谋取私利,从而有利于合作行为的产生。在信任治理机制下,诸如契约、制裁等正式机制将不再被使用,从而降低了治理成本。同时,尽管信任没有设计约束机会主义行为的监控机制,也缺乏评估风险的充足信息,但正是基于乐观心理的决策使得信任得以发展,从而降低机会主义风险。

2.4 文献述评

2.4.1 网络结构特征与企业创新绩效

Uzzi(1996)系统阐述了嵌入性和网络结构对经济行为的影响模式,指出一个组织的网络位置、网络结构和嵌入关系的分布会影响其创新绩效。当网络嵌入性上升时,企业创新绩效达到一个临界点,过了这一临界点,嵌入性效应由正向转为负向,这就是所谓的"嵌入性悖论"。Nooteboom等(2007)认为企业间强关系嵌入性会增加企业间的相互信任、交流和了解,但是也会增加企业间知识的相似性,从而降低企业间知识的互补性,并不利于合作技术创新。密集网络能够促进信任与合作,进而便于企业获得更多精炼、高质量的信息和默会知识。高密度网络会产生大量的企业间联系,网络内的信息和资源将更快速的流动;高密度网络更容易发展出相互信任关系、共享准则,以及共同的行为模式(谢永平等,2011)。强联系指个体间感情密切或者频繁的联系,也可以称为强联结;弱联系是指个体间比较贫乏松散的联系,也可以称为弱联结。相比于弱联结,强联结在帮助网络成员处理外部机会和威胁以及作出反应方面更为有效。

作为知识网络的一种,企业间联盟科研活动模式是实现信息、知识和技术等要素传递的通路、关系和结构,其有效构建无疑有助于企业提升自身的技术创新能力。

McEvily 和 Zaheer(1999)提出,企业在关系网络中的嵌入性是导致企业竞争能力差异的一个重要原因。他们通过实证研究发现,企业网络在结构、关系模式、节点异质性、联系人组合等方面存在异质性,导致企业能力上的异质性。

McEvily 和 Marcus(2005)发现,企业嵌入知识网络,除了通过信息分享和信任治理机制实现外显知识的转移进而获取竞争能力外,还通过与其他网络主体联合解决问题这一机制完成复杂和内隐知识的转移,并获取竞争能力。

以上研究虽然表明企业知识网络嵌入对其能力提升有积极影响,但考虑到不同科研活动模式联盟成员的异质性,嵌入企业可能接触到不同异质度的知识网络,其对企业创新能力及创新绩效的影响也不同。

Whittaker 和 Bower(1994)通过对美国制药业的研究发现,正是由于组织间联盟网络的建立,使企业能够分享知识和资源,从而促进新产品的开发。

Hargadon 和 Sutton(1997)指出,跨越组织边界的联系有利于产品创新；Vonortas(1997)认为，高新技术产业中的企业倾向于通过联盟来促进创新。

Cowan 等(2007)模拟了合作创新网络的形成过程，指出网络嵌入能够促进企业间合作的成功。

Whittington 等(2009)的研究表明，合作网络的嵌入能够使企业获得网络内其他成员的信息和资源，进而提高合作双方的创新绩效。

网络结点、结点间联系和网络整体这三个方面对创新绩效的影响并不是孤立的。例如，林润辉等(2009a)从点(结点企业)、线(企业间关系)、面(企业子网)三个层次对集团网络进行了评价研究。

Powell 等(2002)对生物技术企业的研究表明，当创新网络中的主要结点倾向于信息公开披露时，整个网络就更加密集，进而提升创新绩效。

Dhanaraj 和 Parkhe(2006)认为，结点不只是对网络联系的刺激和约束作出反应，还具有能动性。网络中的核心企业能够协调网络整体行动，从而促进创新绩效。结点活性能够提高创新绩效，结点开放性对整个网络结构的形成以及网络机制作用的发挥也具有重要影响。

有关企业在网络中的位置与其创新绩效之间的关联性亦有如下相关研究：钱锡红等(2010)指出间接联系(结点间联系属性)对企业创新绩效的影响依赖于企业的网络位置

（网络结点属性），处于网络中心位置的企业要比处于网络边缘的企业从间接联系中获得更少的收益；Wei 等（2000）通过对生物技术产业中创业企业的研究发现，企业规模和其在合作网络中的位置会影响其创新绩效；Tsai（2001）指出，在组织吸收能力作为中介变量的前提下，如果企业占据了网络中心位置，就可以产生更多的创新绩效；Chung 等（2005）指出，个体企业在合作网络中享有更中心的位置时，能够获得相对于合作伙伴更多的创新绩效；Chuang 和 Yang（2006）通过对全球半导体产业的数据研究，揭示了网络位置对企业创新绩效的影响；彭光顺（2010）的研究表明，企业只有维持在网络中心性程度高且异质性水平也较高的网络位置，才能不断为其提供多样化的信息，进而提高企业创新绩效；Ahuja（2000）通过对化工行业的分析指出，联盟网络中合作企业间的直接联系和间接联系对其创新绩效都有积极影响，企业创新绩效随其直接联系的数量、结构洞的数量、间接合作伙伴数量的增加而提高；Vanhaverbeke 等（2004）进一步区分了企业的直接联系、间接联系以及冗余度，直接联系数量与企业创新绩效呈倒"U"形关系，而间接联系数量与企业创新绩效正相关；Zaheer 和 Bell（2005）的研究证明，网络中企业的间接联系越多，越能更好地利用自身能力提高其创新绩效；Abrahamson 和 Rosenkopf（1997）的研究分析了社会网络结构对技术创新的影响，通过模拟发现网络中联系数量的微小变化会对创新扩散产生很大的影响；Uzzi 和 Lancaster(2003)通过对网络学习的研究表明，学习不仅根植于行动者的认知和经验，而且与行动者之间的联系有关，将组织间联系具体到知识创造领域，指出组织间联系能够促进知识转移；Cross 和 Cummings(2004)通过实证研究，得出知识密集型工作者间的联系和网络影响个人创新绩效的结论，特别指出跨越组织边界、物理屏障或垂直层次的联系，能够为个人带来完成知识密集型工作所需要的独特信息和多重视角，从而提高创新绩效；池仁勇(2007)通过对浙江省 264 家中小企业的分析，得出中小企业组织网络的结点间联系强度影响网络创新绩效的结论；曹兴等(2010)指出，联盟网络联系强度越强，越有利于知识在联盟成员间的转移；Schilling 和 Phelps(2007)提出在网络密度较高的网络内，企业间存在的广泛联系可以促进联盟成员间信息和知识的流动，进而提高企业创新绩效，且嵌入具有高聚类性与平均路径长度短的联盟网络的成员企业具有更好的知识产出；李志刚等(2007)对集群网络的研究表明，企业所嵌入的网络的密度、互惠性、稳定性、居间性和资源丰富程度等因素都对企业创新绩效存在正向影响。

2.4.2　知识异质度与企业创新绩效

异质性知识的获取对企业创新能力的影响吸引了大量

学者的注意,有学者提出异质性知识由于规模经济与共享效应对企业创新绩效具有促进作用(Suzuki&Kodama 2004；Subramaniam&Youndt 2005),但是也有学者认为异质性知识由于容易产生冲突且难以转移、吸收,对企业创新绩效具有负面效应(Lin&Chen 2005；Garcia-Vega,2006)。

由于异质性知识和技术等资源在企业创新能力的持续发展中具有特殊的意义,并蕴含了巨大的潜在价值,大量文献对知识异质度的概念进行了阐述。在相关领域的主要文献中,与知识异质度相同的概念有技术差异化、技术距离、知识多样化、认知距离等。

在技术创新领域,Argyres(1996)认为技术知识异质度是对企业内部技术开发区域范围的具体度量,即其技术开发的区域是广泛还是狭窄;Breschi 等(2003)认为技术知识异质度指的是企业技术知识库差异的程度,在研发联盟中,异质度是一个多维度的概念,一般被认为是合作伙伴在分布特征上的差异程度;Rodan 和 Galunic(2004)将知识异质度定义为个体所接触的网络中可获得的知识、诀窍和技能的多样化程度。在营销领域,Bonner 和 Walker(2004)认为顾客知识异质度是指有影响力的顾客群在技术、市场、战略以及社会影响维度表现出的对产品相关信息掌握的差异化程度。Stirling(2007)指出在个体网络中,知识异质度指的是由独立元素构建的系统中元素的分布频率,以及它们之间的差异程度。Phelps(2010)将网络技术异质度定义为企业所需要的技术知识与网络内伙伴企业以及核心企业之间的差异程度。

异质性知识的获取对企业创新能力的影响吸引了大量学者的注意,有学者提出异质性知识由于规模经济与共享效应对企业创新绩效具有促进作用(Suzuki & Kodama 2004;Subramaniam & Youndt 2005),但是也有学者认为异质性知识由于容易产生冲突且难以转移、吸收,对企业创新绩效具有负面效应(Lin & Chen 2005;Garcia-Vega,2006)。部分学者权衡了异质性知识对企业创新绩效的收益与成本,还有部分学者验证了异质性知识对企业创新绩效具有倒"U"形的非线性关系(Sampson,2007;Oerlemans et al.,2013;叶江峰等,2015)。

基于网络异质性假设,Powell 等(1996)通过对生物技术企业的研究证明,结点多样性能够有效促进网络整体的创新性和适应性,从而提高网络绩效。Powell 等(2005)指出,合作网络内的成员如果是来自不同企业间的技术人员,相比于同一企业内的技术人员,更能够提高网络成员的多样性,进而获得更高的集体创新绩效。

Rodan 和 Galunic(2004)发现,通过网络结构获取异质性知识对于创新绩效的影响比管理水平提高对创新绩效的影响更大,进一步验证了网络多样性能够提高创新绩效。

2.4.3　联盟治理机制与企业创新绩效

联盟治理机制通过影响联盟合作创新伙伴之间信息分享的能力与意愿,从而作用于企业创新绩效。股权与契约是组织联盟活动中最常用的两种正式机制。

网络组织的形成是实现协同效应的必要条件,而不是充分条件。要有效发挥网络组织配置资源的独特功效,一个不可避免的问题就是网络组织的治理(孙国强,2004)。

虽然企业间联盟科研活动模式提供企业接触异质性知识的机会,但这并不保证企业可以有效地识别、分享以及吸收它们(Hamel,1991)。技术知识的默会与嵌入性质使其很难被成员伙伴识别、传播与吸收(Teece,1992),从而降低了成功组合的可能性(Galunic&Rodan,1998)。网络异质度的提高将会加剧问题的严重性,因为企业的相对吸收能力将会下降(Lane&Lubatkin,1998)。

高异质度将会减少联盟成员间分享共同语言和共同思维模式的机会(Cohen&Levinthal,1990),由于竞争的本性所导致的机会主义使得联盟成员面临非自愿知识流失、拒绝付出努力与资源以达成联盟目标、新知识的误传以及传播默会知识所面临的挑战等风险(Gulati&Singh,1998)。知识异质度加剧了这种矛盾,因为高异质度带来更独特的默会知识,从而增加协调成本(Sampson,2004)。所有这些交易风险将降低合作与知识分享的意愿,从而阻碍企业创新的努力(Phelps,2010)。

知识基础观认为,科层组织由于共同的知识基础与职权的存在使得沟通与协调的成本大大降低,从而相比于松散的组织更有利于复杂与默会性质的知识与信息的传播(Kogut&Zander,1992)。

与此同时,交易成本理论认为股权联盟通过共同管理、私下解决不完备的契约条款所导致的冲突等机制促进了对联盟活动的控制,以提高知识分享的意愿,尤其是当成员间的知识异质度比较高时。基于这两方面的考虑,Sampson(2007)提出在高水平技术异质度的情境下,联盟股权机制相比契约治理机制更有利于企业创新。

此外,非正式治理机制中的信任与互惠作为正式治理机制的补充,在抑制机会主义与促进企业间合作方面发挥着越来越重要的作用(Dyer&Singh,1998)。企业间的信任将降低知识保护的程度,提高知识分享与创造的水平(Larson,1992;Kale et al.,2000)。互惠规范将会强化这种效应,因为企业预期他们将来会得到大致同等的回报(Dyer&Nobeoka,2000)。刘学等(2006)基于中国制药产业对研发联盟中初始信任与控制战略选择的研究,也表明非正式联盟治理机制在联盟之初的重要作用。

除了增强企业间知识分享的意愿,信任与互惠等非正式联盟治理机制通过促进联盟成员间的紧密互动、鼓励知识间不同组合的试验以及增加共同解决问题的努力来提高企业的相对吸收能力（Uzzi，1997；Dyer&Nobeoka，2000）。基于此，Phelps（2010）提出，基于紧密网络的互惠与信任正向调节网络异质度与探索式创新之间的关系。

Powell（1990）提出，信任相比预测、权威和谈判等机制，能够以更快的速度、更少的花费减少联盟网络的复杂性和不确定性，从而降低监督成本、扩展合作领域、增加对合作的投入以及增强合作的灵活性，进而提高协作创新绩效。

Gulati（1998）指出，企业间信任的存在有利于它们相互间的互动与共享，使企业能够更紧密地联系在一起，进行协作创新。

Cullen（2000）、党兴华和刘兰剑（2006）指出，网络成员间的信任对企业技术创新具有积极的促进作用。

徐和平等（2003）提出，影响产品创新绩效的一个重要因素是隐性资源的交流、共享和创新程度，而信任是成员企业资源共享的前提。由此可见，提高成员间的信任程度以及协作意识间接影响虚拟企业的绩效水平。

Levin 和 Cross（2004）认为知识的转移效果受转移主体间相互信任程度的影响。并且，在不同性质知识的转移过程中，信任所产生的作用有一定差异。当知识是明晰知识时，其发送和理解对知识源能力的依赖程度并不是很高。

因此,知识接受方对知识源的信任不是影响知识成功转移的关键因素。反之,默会性和复杂知识包含了与知识源的个人经验紧密缠绕在一起的见解、直觉以及信仰,主观性比较强,并且很难被描述。在该类知识的转移过程中,知识接受方对知识资源的信任就显得比较重要。

汪秀婷等(2012)认为,一方面,技术创新网络是由企业对异质性资源的需求发展而来;另一方面,创新网络中的企业又不愿意共享企业的异质性资源,因为异质性资源的共享极有可能带来企业核心竞争力的丧失。创新网络中的这一矛盾将会影响企业间的合作效果和创新效率。信任则是解决这一矛盾的主要方法:信任是企业间知识转移与知识共享的基础,合作的信任程度是影响知识交流最重要的变量,信任能提升企业间资源共享的意愿。

林润辉(2013)认为,相同的网络结构可能带来不同的创新绩效,不同的治理机制从不同的角度保证协作创新绩效。

杨燕和高山行(2012)的研究指出,当联盟合作创新伙伴合作中的冲突水平较低时,联盟双方对彼此具有较高的信任水平,能够减少双方对知识的防卫以及对伙伴行为的监测,带来更多的信息交换。企业对其信任程度较高的伙伴,中心企业知识的保护程度较低,获取的知识更多。建立在伙伴企业互相信任和交流基础上的关系资本,为知识在交换界面的转移打好了基础。

刁丽琳和朱桂龙（2015）从联盟治理机制的角度研究产学研联盟中契约和信任对知识转移的影响，认为信任治理机制与契约治理机制对于促进大学和科研机构的知识向企业成功转移，实现我国企业技术能力的提升意义重大。

2.4.4 研究结论

本书涉及的研究领域尚存在下列问题。

（1）多层次网络与嵌入性理论引起越来越多学者的关注，并用于企业间关系的分析。如，Hagedoorn（2006）分析了网络嵌入对企业间合作行为的影响。但总体来看，研究二者关系的成果并不多见，尤其是基于企业创新绩效的探讨，因此有必要开展这方面的研究。

（2）网络结构与创新关联性的研究成果较为丰富，但更多的是单一层面的分析。引入网络关系视角探究创新主体的网络结构特征与企业创新绩效的研究并不多见，尤其是对细分之后的探索式创新绩效与利用式创新绩效的研究并不多见。

（3）大多数文献对网络结构、联盟治理机制与创新绩效的关系是单独进行分析的，只有少量文献试图将不同要素融合在一个框架下分析其对创新绩效的影响。现有文献有关联盟合作创新背景下,网络中心性作用于企业知识异质度的情境、知识异质度与联盟治理机制如何作用于企业创新绩效的研究更为鲜见。企业创新绩效提升的关键在于基于知识异质度的联盟治理机制的权变设置,现有研究尚缺乏对该权变过程与机理的探讨。

第3章　探索性案例研究

通过文献综述,本书对联盟网络组织、联盟治理机制、知识异质度、企业创新绩效作了研究回顾和梳理。但文献综述部分对合作网络创新主体如何通过联盟企业间异质性知识提高创新绩效的作用机理还处于粗略的认识阶段,无法支持理论分析的直接开展。

为此,本章将采用案例进行探索性研究,试图通过对有联盟创新运作和治理经验的目标企业进行描述和分析,归纳出企业网络位置、异质性知识、联盟治理机制对企业创新绩效的作用机理,为后续概念模型的构建和大样本实证分析的开展提供来自实践层面的支持。

3.1　研究设计

3.1.1　案例研究方法

案例研究方法是管理学中现象描述、概念寻求和理论构建的基本方法之一(陈晓萍等,2012)。该方法对探索社会问题具有极其重要的价值。研究者通过现场访谈、企业报告、企业日志、历史数据、新闻报道等,获得与理论概念的构思有相关关系的企业材料,有助于深入理解企业的情境和问题,然后通过编码和归类,发现企业的经营模式和规律等。

由于本章聚焦于"企业网络位置、联盟治理机制和知识异质度"对"企业创新绩效"的影响和作用机理等过程性问题,因此,案例研究是一种较为合适的研究方法。

具体而言,本书将根据研究目的、案例研究的原则和程序,对目标案例企业的数据进行收集、整理和分析,构建本书的主要研究命题。

3.1.2　案例选择

本书严格遵循案例研究方法的原则、步骤和方法,进行样本企业的选择。

首先,查阅具有典型联盟合作创新活动的行业内企业资料,从中选择对研发联盟运用较为普遍的电子信息、汽车制造、航天航空、机械仪器、生物医药、IT 与金融服务等行业内的企业作为研究对象,建立样本企业数据库。

其次,考虑到多案例研究的时间限制与成本约束,将样本企业的选择区域集中在经济比较活跃的东部沿海区域,以便在一定程度上避免经济环境差异对研究结果的影响。

　　最后,通过对样本企业联盟创新活动的分析,结合自身的经验判断,选出两家典型企业作为访谈对象。这两家企业分别是:海尔集团和华为公司。表 3.1 介绍了这两家样本企业的基本情况。

表 3.1　案例企业的基本情况

比较项	海尔集团	华为公司
涉及行业	家电行业	通信行业
主营产品	家用电器	通信设备
成立时间	1984 年	1987 年
公司地址	青岛	深圳

　　由于海尔集团、华为公司具有多个细分行业,为了得到明确具体的研究数据,也为了契合本书的主旨,本书以海尔集团的家电合作创新项目、华为公司的智能手机合作创新项目为主要研究对象。之所以这么做,是基于以下三个方面的原因。

　　第一,基于案例研究的典型性原则。这两家企业属于不同的行业,但其创新战略的实施均是通过建立联盟的方式,有比较稳定的联盟合作创新伙伴,但在管理联盟合作创新伙伴时所使用的治理机制具有一定的差异,这为本书研究核心企业的联盟治理机制提供了丰富的证据。

　　第二,基于案例选择的聚焦性原则。这两家企业皆为行业内有影响力的企业,都是居于行业网络中心位置的核心企业,实施了面向顾客的创新战略与互联网模式下的营销策略,且取得了较好的创新绩效,与本书的研究对象和研究主题非常契合。

第三,基于案例信息的可获取原则。这两家企业均有较多的新闻报道和官方网站,有比较完善的统计年鉴、公司报告,确保了数据的可获得性及可靠性。

3.1.3 资料收集

第一类数据主要来自对两家案例企业多个关键人员的访谈。首次访谈持续2~3小时,访谈对象主要包括两家企业的中高层管理者,如公司总经理、研发部经理、供应链经理、生产部经理和负责关系协调的项目经理等。访谈问题涉及公司现处的行业位置、组织结构的变革、公司对联盟合作创新伙伴的治理机制、合作创新情况等。

第二类数据主要来自企业内部的档案记录,包括公司公告、年度报告、宣传演示、网站新闻等公开信息。

第三类数据主要来自公开资料,包括新闻报道、出版的统计年鉴、企业网站上的宣传资料、公司历年财务报告、专业咨询公司的分析报告以及通过中国期刊网等渠道获取的与案例企业联盟创新有关的二手资料。

3.1.4　分析步骤

第一步,对目标企业进行案例内分析。案例内分析是指以单个案例为独立整体进行深入全面的分析。

首先,项目组成员通过访谈、观察、档案数据等三角验证法检验不同来源的数据,并用 Email 和电话后续跟进,补充缺失的细节数据,撰写单个案例文本。

其次,项目组成员分为两组,分别对案例企业进行客观独立的描述,然后将反映案例企业研究主题的观点进行综合,归纳并提炼出以下主题内容:

(1)目标企业在企业发展过程中所处的行业地位和占据的联盟网络位置情况;

(2)目标企业对联盟合作创新伙伴使用的治理机制;

(3)目标企业与联盟合作创新伙伴之间的异质性知识获取情况;

(4)目标企业的创新绩效成果。

最后,项目组成员返回案例情境,进一步识别基本概念的特征,分别以很高、较高、中等、较低、很低五个等级为每个变量赋值。

第二步,对两个案例进行比较分析。跨案例分析围绕同样的研究主题,在独立案例分析的基础上,对所有案例进行统一归纳和总结,从中抽象出相关理论。为了更准确地构建访谈者所描述的治理机制的作用机理,项目组成员在仔细分析单个案例企业编码数据的基础上,对两家案例企业的具体情境和关键变量进行了跨案例比较研究。通过分析变量的跨案例变化规律,发现联盟创新网络中企业的网络位置、异质性知识、联盟治理机制与企业创新绩效之间的因果关系和作用机理。在此基础上,提炼出理论观点和初始命题,为后续理论模型的构建和实证研究的开展做好铺垫。

3.2 案例简介与数据编码

3.2.1 海尔集团案例描述与数据编码

(1)海尔联盟合作网络的形成

海尔集团于 20 世纪 80 年代创立于中国青岛,是我国家电行业的龙头企业,在行业内具有一定的知名度和综合竞争力。创立以来,海尔坚持以顾客需求为中心的创新导向战略,从早期只生产冰箱一种产品,到如今拓展到空调、洗衣机、热水器、彩电、计算机、通信手机、IT 数码产品、整体厨房等多个领域的多种产品,海尔已经成为全球最大的家用电器制造商之一(曹宁等,2015)。

随着全球化的快速发展,我国规模以上的家电企业正遭受着来自国内外产业竞争对手的挤压。与此同时,互联网新技术的应用,也使得家电产品的更新换代从原来的4—5年,缩短为平均每半年就会升级换代一次。

要想持续满足顾客对产品不断升级的需求,寄希望于更换家电产品已经成为家电行业的痛点。30多年来,随着产品多样化和公司的国际化进程,海尔先后经历了名牌战略(1984—1991年)、多元化战略(1991—1998年)、国际化战略(1998—2005年)和全球化品牌战略(2005—2012年)四个发展阶段。2012年12月,海尔宣布进入第五个战略发展阶段,即网络化发展战略阶段(2012—2019年)。网络化发展战略是指为获取互联网带来的发展机遇,海尔致力于成为互联网时代的平台型企业。

为了应对家电技术的快速变革和国内外消费升级的挑战,海尔每年投入数亿元研发费用,用于家电新技术开发以及产品功能升级。海尔还凭借自身在行业内的权威地位,与国内外800多家从事家电模块设计、生产以及内容服务的专业供应商结成了开放、融合的全球联盟创新网络,共同致力于智能家电产品的升级开发以维持其市场占有率和行业核心地位。

在海尔的管理者看来,传统封闭的组织结构因相互博弈和协调不畅而无法适应市场灵活性和创新性的要求。而网络化发展战略有助于组织结构的平台化和结点企业的互联互通,有助于实现利益各方的资源共享和价值增值。

为配合网络化发展战略,海尔对其传统的自有资源发展模式和纵向一体化组织结构进行了变革,逐步打造出一个开放、融合的联盟网络。

此联盟网络包括纵横交错的众多结点企业,海尔在其中扮演着平台运营商即核心企业的角色,承担规则制定和关系协调的职责。众多通用或专用的供应商围绕在海尔周围,依据其专业化特长,为海尔提供研发和生产服务,最终与海尔形成了生产与创新的协作系统,提高自身创新能力与创新绩效的同时也为顾客创造价值。由此可见,本书认为海尔的行业地位和联盟网络位置中心性可以评价为"很高"。

(2)海尔对联盟合作创新伙伴的治理机制

契约治理机制作为正式治理机制的重要组成部分,是海尔主要采用的治理机制之一。海尔针对与联盟合作创新伙伴的合作制定了对许诺事项的成文合同条款,合同条款的核心内容是经过双方协商后所形成的一系列权利、责任方面的约定。海尔与其联盟合作创新伙伴所使用的合同实际上是一组承诺的集合,双方就信息共享、资源投入等做出承诺,以保证未来能够实现合同约定的目标,否则一方可以强制执行,或要求违约方承担经济责任及终止合作等。

实践中,海尔与联盟合作创新伙伴的许多交易是按照行业内的标准合同模板制定的。合同条款的针对性较低，在使用频率上也一般。正如海尔项目经理指出，海尔与联盟合作创新伙伴针对合作中可能出现的机会主义行为制定了正式的合同，但它更多的是一种形式。如果联盟合作创新伙伴没有兑现合同中的承诺事项，海尔并不会严格按照合同条款对联盟合作创新伙伴进行经济惩罚或终止合同，而是根据情况给予合作企业开发辅导或适当调整利益分配比例，以便相对委婉地处理各种冲突。

综上所述，本书认为海尔与其联盟合作创新伙伴之间的契约治理机制程度可以评价为"较低"。

随着环境变化及合作深入，海尔对其联盟合作创新伙伴的管理从合同控制逐步转为非正式的关系治理。首先，海尔不遗余力地推行以"顾客满意"为目标的品牌建设。"创全球品牌"成为海尔与其合作伙伴之间的共识，在一定程度上，提高了合作伙伴的参与积极性。

其次，海尔建立了多种信息沟通渠道，包括与联盟合作创新伙伴私下交流公司发展、行业动态和研究前沿等方面的隐性信息，加之海尔与联盟合作创新伙伴长期交易所形成的信任关系，海尔甚至会与联盟合作创新伙伴开诚布公地沟通和交流产品概念设计，共同进行某一产品的质量改进或成本节约活动。可以说，海尔许多产品的诞生都是与联盟合作创新伙伴良好合作的结果。

本书根据海尔项目经理的评价,认为海尔对其联盟合作创新伙伴所使用的关系治理机制程度评价为"较高"。

(3)海尔对联盟合创新作伙伴的异质性知识获取与利用

在与联盟合作创新伙伴的合作中,海尔通过技术交流会、专题报告、项目汇报和调研报告等方式,接触并获知了联盟合作创新伙伴大量的技术文件、电子文档、计算机数据等书面化资料,内容包括技术说明、设计图纸、产品知识手册、实验数据和技术预测信息等。通过对这些书面资料的学习和研究,海尔逐渐吸收和掌握了许多联盟合作创新伙伴的产品研发知识、工艺流程知识、市场竞争信息及顾客新的消费倾向等。

例如,在洗衣机产品的开发过程中,海尔选择与德国电器工程协会(VDE)、美国通用电气消费工业品集团(GE)、美国通用电气传感与检测科技集团(GE)、日本三洋电机株式会社(SANYO)等结成研发联盟,共同致力于洗衣机在"环保""节能""低噪音""智能化控制"等方向的技术突破,并实现相关技术在洗衣机产品开发上的整合应用,以便满足顾客对洗衣机产品不断增加的价值需求。

除了通过正式沟通渠道学习联盟合作创新伙伴的书面知识以外,海尔相关人员也与联盟合作创新伙伴开展了频繁的私下交流。

　　例如,项目关键人员和联盟合作创新伙伴的相关人员经常通过电话和面谈的方式保持日常联络,不定期地举行各种形式的小型聚会,利用吃饭、聊天的机会交换各种意见和想法,或以朋友身份非正式地向联盟合作创新伙伴的工作人员请教在研发过程中遇到的技术难点和障碍。例如,海尔在与德国某公司建立联盟之后,先后派出 40 多名技术骨干前往德国参加培训。这些骨干人员通过现场学习、私下交流等方式,迅速了解和掌握了家电行业的经验和诀窍,及时地将其应用于产品设计中,不仅帮助海尔成功实现了关键技术引进后的消化吸收,而且还促成了基于信任和知识转移的利益共同体的形成。一旦产品遇到市场瓶颈,需要进一步挖掘潜力时,联盟合作创新伙伴会利用自己的知识和对未来的预测,积极帮助海尔调整产品发展方向。

　　综上所述,本书认为海尔与联盟合作创新伙伴之间的异质性知识整合情况可以评价为“较高”。

　　(4)海尔集团的创新绩效情况

　　面对家电行业消费升级和互联网的冲击,海尔构建了全球化的联盟合作创新网络。该网络包括五大综合研发中心,覆盖了世界 160 多个国家和地区的科研院所、一流联盟合作创新伙伴和用户,集团创新成果颇丰。

　　首先,在科技进步奖励方面,海尔“以开放式研发平台建设为核心的创新体系”荣获国家科技进步奖二等奖;

"变频集成控制驱动节能技术在全自动洗衣机上的研究与应用"荣获国家家电科技进步奖二等奖;"悬浮云洗涤技术的研究与应用"荣获山东省科技进步奖二等奖。在专利创新和标准创新方面,海尔累计申请专利 17508 项,其中发明专利 7598 项,海外专利 3299 项,保持行业主导位势。

海尔还积极推动行业标准化和规范化体系建设,累计提报了 84 项 IEC 国际标准提案,主导并参与了 350 项国家行业标准的编制与修订,是目前参与国际标准、国家标准、行业标准制定次数最多的中国家电企业。在工业设计方面,从 1993 年至 2013 年,海尔共获得国家科技进步奖项目 11 项,承担 973 计划 2 项、863 计划 5 项、科技支撑计划 8 项,累计获得德国 iF 国际设计奖 31 项、Reddot 国际设计奖 17 项、G-mark 国际设计奖 5 项、IDEA 国际设计奖 3 项。

2014 年 3 月 18 日,海尔推出了行业首款可定制、可升级的模块化智能电视。该电视采用了 OSIF 标准接口设计,通过将电视功能进行模块化设计,搭建起集用户、生产商、内容商等产业角色为一体的综合平台,使不同参与方都可基于这一设计标准实现硬件配置、操作系统、软件内容等方面的更新升级。

其次,伴随着海尔联盟合作创新活动的顺利开展,集团面向顾客的价值创新战略也得以实现,体现在顾客对海尔产品性能和服务的好评,以及顾客可根据需求定制差异化产品,真正实现自主定制等方面。

截至 2016 年,海尔全球营业额实现 2016 亿元,同比增长 6.8%;利润实现 203 亿元,同比增长 12.8%。持续稳健的发展,稳固了海尔在家电领域的领先地位。

根据世界消费市场权威调查机构欧睿国际(Euromonitor)发布的 2016 年全球大型家用电器品牌零售量数据,海尔大型家用电器 2016 年的品牌零售量占全球市场的 10.3%,继续蝉联全球第一。同时,冰箱、洗衣机、酒柜、冷柜也分别以大幅度领先第二名品牌的零售量继续蝉联全球第一。

综上所述,本书认为海尔集团的创新绩效可以评价为"较高"。

(5)海尔集团案例内分析

根据海尔集团的案例描述,本书将海尔集团合作创新联盟治理过程中对其创新绩效产生影响的重要变量进行了归纳汇总和关键词整理。基于企业被访者评价或客观事实判断,对各变量分别给予很高(强/多)、较高(强/多)、中等、较低(弱/少)、很低(弱/少)五个等级水平的评价,最终得到如表 3.2 所示的汇总表。

表 3.2　合作创新联盟主要变量得分表——海尔集团

变量	变量得分
网络中心位置(中心性)	很高
合同治理机制(契约治理机制)	较低
关系治理机制(信任治理机制)	很高
异质性知识获取与利用(企业间知识异质度)	较高
企业创新绩效	较高

3.2.2　华为公司案例描述与数据编码

(1)华为公司联盟合作网络的形成

华为公司是一家专门从事通信设备产品研发、生产、销售的民营通信科技公司,至今已有 30 余年的发展历史。公司总部位于中国深圳,其业务类型涉及通信网络中的终端产品及服务解决方案,是一家具有独特文化价值观和极强创新能力的国际化企业。

自 20 世纪 80 年代创建以来,华为经历了三个主要发展阶段:(1)国内电信设备产业链系统集成商(1987—1996年),该阶段华为主要面向国内市场进行半机械、半数字交换机以及光网络传输产品的自主研发;(2)国际电信设备产业链系统集成商(1997—2005 年),该阶段华为开始在国外,如俄罗斯、印度、瑞典、美国设立研发中心,并建立了集成产品开发(IPD)和集成供应链体系(ISC),提高了产品在海外市场的竞争力,从产品提供商发展为一整套解决方案提供商;(3)全球电信设备产业链系统集成商(2006 年至今),该阶段华为与众多专业化的企业结成联盟合作网络,华为自身则聚焦关键技术开发、系统规则制定和全球创新资源的集成。

华为奉行"不做无价值的盲目创新"理念,始终关注"最佳用户体验",倡导"向所有优秀者学习",致力于与来自国内外的优秀供应商携手同行,共同打造和谐、共赢的全球价值体系。近 30 年来,华为构建面向全球价值网络的先进制造模式,基于开阔的国际化视野,以产品开发为核心,集成产品开发流程体系,构建面向全球的创新网络。在其制造模式发展过程的每一个关键阶段都牢牢把握住发展机遇,不断进行自主创新和构建最先进的制造模式,成功实现历史性跨越。华为不仅在激烈的市场竞争中脱颖而出,而且在"世界级制造工厂"向"全球行业领袖"转型的道路上迈出坚实的步伐。

同时,华为为了掌握和使用先进技术,减少研发投入和时间,先后与德州仪器(TI)、摩托罗拉、英特尔、杰尔系统(Agere)、微软、日本电器股份有限公司(NEC)等建立联盟关系。华为在瑞典斯德哥尔摩、美国达拉斯和硅谷、印度班加罗尔、俄罗斯莫斯科,以及国内的深圳、上海、北京、南京、西安、杭州、成都和武汉设立了研发机构,通过跨文化团队合作,实施全球异步研发战略(李放等,2010)。

综上所述,本书认为华为公司所处的行业地位和联盟网络位置中心性可以评价为"很高"。

(2)华为对联盟合作创新伙伴的治理机制

华为确立了"向所有优秀者学习"和"向社会购买最好的"合作战略,通过对传统组织的革新和管理制度的完善,华为联合世界优质合作企业,与众多专业化企业结成战略联盟合作创新伙伴,共同进行产品改进与开发,以提高自身的创新绩效。在此过程中,华为还需要建立一套适宜的治理机制来保障联盟成员间的合作关系,以达成联盟目标。

尽管华为与联盟合作创新伙伴有事先明确的规则,但它并没有因此忽视契约的治理作用。由于通信设备产品往往由多个部件组成,欠缺任何一个模块部件,都有可能导致产品系统无法生产。因此,为了兑现给用户的交付承诺,华为通常会根据供应市场的复杂程度和交易价值的大小,与联盟合作创新伙伴签订规范的、有针对性的交易合同。在交易合同中,华为与联盟合作创新伙伴往往就模块部件的关键加工要求、技术环境要求、限制使用要素,以及双方的进度计划、沟通方式、违约责任、保密义务等事项做出补充说明。通过相对完善的契约治理机制,华为与联盟合作创新伙伴建立了稳定、可控的供应系统。不过,在联盟合作创新伙伴实际履约的过程中,华为并不是完全依赖合同的监控作用。更多情况下,契约治理机制所具有的法律保障作用是作为一种潜在的威慑力量存在。合作各方可以根据现实问题对合同中的某些条款进行适宜的变更。因此，本书认为华为公司使用契约治理机制的程度可以评价为"中等"。

华为相信良好的沟通才能培育出良好的合作关系，而基于相互信任、公平往来的合作关系对联合价值创新过程起着关键作用。因此，华为提供了多样化的沟通和反馈渠道。华为为每个联盟合作创新伙伴配备了专门的接洽联络人，以处理来往过程中可能遇到的任何问题和疑问；华为的专家团队也经常与联盟合作创新伙伴会面，讨论一些关键性的技术难题；华为的运营管理人员经常将可能影响联盟合作创新伙伴业务的策略和计划传达给供应商，联盟合作创新伙伴也经常坦诚地将自己的顾虑和建议告知华为所设立的供应商反馈办公室。用华为运营总监的话来说，联盟合作创新伙伴在其专业领域是第一块金，与联盟合作创新伙伴开放有效的沟通互动能够发展信任关系，一定程度上促进了华为与联盟合作创新伙伴共同的价值创造。基于以上情况，本书认为华为公司对联盟合作创新伙伴所使用的关系治理机制的程度可以评价为"较高"。

（3）华为对联盟合作创新伙伴的异质性知识获取与利用

为了给用户提供更好的产品体验，华为借用"大平台优势"，与世界范围内的优质模块企业开展深度合作，提高其"作战"能力。

例如，在终端图像技术应用领域，华为投入了大量高素质人员参与研发，并与联盟合作创新伙伴相互派遣工程技术人员到对方公司接受培训、指导和学习。为了深入理解联盟合作创新伙伴的设计理念，华为结构件、应用软件等研发人员还会设法与联盟合作创新伙伴就产品设计原理和操作机理进行面对面或视频沟通，这一过程产生了大量可视化的文件、设计图纸、研究报告等。不仅为参与人员，也为华为其他部门深入结合双方的知识优势、实现内外部知识的综合应用提供了知识交流和共享的渠道。例如，华为智能手机中某些单元的研发费用动辄上百万元，如果仅仅依靠企业自身的力量，很难摸清每一个环节的知识和诀窍，而与联盟合作创新伙伴的合作，不仅可以快速学习到许多中间产品的工艺流程知识，还丰富了企业的"知识库"。

由于联盟合作创新伙伴侧重于各自领域的专业化设计与生产，因此联盟组织中潜藏着许多局部的设计、生产知识。这些异质性知识具有不易编码、难以传递等"生态黏性"，具体表现为各种设计生产经验与管理诀窍。这些知识非常有价值，往往需要深度沟通和交流才能掌握。为此，华为将其与联盟合作创新伙伴的合作开发过程当作学习对方技能、经验和诀窍的机会，与联盟合作创新伙伴的非正式交流甚多。通过人员流动和私下交流,深入了解中间产品所蕴含的专业知识、关键技术和市场信息,以解决模块化产品开发中一些难以攻克的问题。

因此,本书认为华为公司与其联盟合作创新伙伴之间的异质性知识水平可以评价为"很高"。

(4)华为公司的创新绩效情况

通信设备行业面临着动荡开放的外部环境,在通信电子应用的消费者业务领域,每年有数百万的新技术、新产品出现,任何一家单独的企业根本无法应对所有的新变革。

为了快速培育新的竞争优势,华为既要重视技术的快速更新,又要注重创新模式的选择。联盟合作创新网络为华为带来了新技术开发、产品性能优化、研发周期缩短等优势,也助其适应了激烈的市场竞争环境,使华为公司在短短 30 年里,快速成长为全球通信设备领域的领先企业。

从 1996 年开始,华为与国内著名高校合作取得了很多成就。以 CDMA 技术为例,华为和北京大学一起研究以 IS95 为核心的窄带 CDMA 技术。虽然当时只是一些实验性技术的研究,但为华为未来 CDMA 技术的发展打下了基础,培养了一批技术人才。清华大学、电子科技大学、东南大学、中国科学技术大学都是华为长期的技术合作伙伴。华为在 SDH 光网络技术领域的进步也得益于与清华大学无线电系合作所取得的成果。印度所、南京所、中央软件部和上海研究所等通过 CMM5 级国际认证,表明华为的软件过程管理与质量控制已达到业界先进水平。华为还与全球前 50 位运营商中的 36 家展开技术合作,建立了近 20 个联合创新中心(李放等,2010)。

华为与来自 156 个国家和地区的超过 15 万名员工共同开展通信网络设备、企业网和消费电子三大板块的业务开发和创新活动。华为将国际主流标准与通信设备产业紧密结合,把不同模块之间的异质性知识进行融合和应用,最终在系统层面"涌现"出一系列新颖的创新解决方案。根据华为官方统计资料,截至 2015 年,华为累计申请中国专利44168 件,累计申请外国专利 18791 件,累计申请国际 PCT专利 14555 件,其"不做无价值的盲目创新"理念得到了贯彻和实施。

华为秉持开放式创新模式和"大服务"理念,推动与用户、供应商和同行的联合创新。近年来,众多合作伙伴对华为业界领先的产品和解决方案作出了突出贡献。华为业务发展迅速,尤其是智能手机业务,出现了爆发式增长。

综上所述,本书认为华为公司的创新绩效可以评价为"很高"。

(5)华为公司案例内分析

根据华为公司的案例描述,本书将华为公司合作创新联盟治理过程中对其创新绩效产生影响的重要变量进行了归纳汇总和关键词整理。基于企业被访者评价或客观事实判断,对各变量分别给予了很高(强/多)、较高(强/多)、中等、较低(弱/少)、很低(弱/少)五个等级水平的评价,最终得到如表 3.3 所示的汇总表。

表 3.3　合作创新联盟主要变量得分表——华为公司

变量	变量得分
网络中心位置(中心性)	很高
合同治理机制(契约治理机制)	中等
关系治理机制(信任治理机制)	较高
异质性知识获取与利用(企业间知识异质度)	很高
企业创新绩效	很高

3.3　案例分析与命题提出

基于表 3.2 和表 3.3 对单案例企业的描述分析与数据编码,本书得到了如表 3.4 所示的两家案例企业关键变量的得分汇总表。

从表 3.4 中可以看出:(1)两家案例企业网络位置中心性得分;(2)两家案例企业对其联盟合作创新伙伴所使用的合同治理机制和关系治理机制程度得分;(3)两家案例企业与其联盟合作创新伙伴间的异质性知识获取与利用情况得

分；(4)两家案例企业的创新绩效得分。

表 3.4　跨案例企业各变量评分汇总

企业名称	网络中心位置	合同治理	关系治理	异质化知识获取	创新绩效
海尔集团	很高(5)	较低(2)	很高(5)	较高(4)	较高(4)
华为公司	很高(5)	中等(3)	较高(4)	很高(5)	很高(5)

注：评分类别 1、2、3、4、5

为了准确构建案例企业所描述的联盟治理机制对企业创新绩效的作用过程，项目组成员在仔细分析两家案例企业编码数据的基础上，对两家案例企业的关键变量进行了纵横对比和分析。项目组成员发现了这些变量的变化规律，并捕捉到了一条重要的因果关系和作用机理逻辑线：企业所处的联盟网络位置影响其异质性知识的获取程度，所使用的联盟治理机制影响企业间异质性知识作用于企业创新绩效的效果。

在此基础上，本书提出基于网络关系与治理机制视角的网络位置、企业间知识异质度与企业创新绩效的关系研究，为后续理论模型的构建和实证研究的开展做好铺垫。接下来，本书将对这些理论发现进行归纳阐述。

命题一：网络中心位置可能对企业间知识异质度产生影响。

命题二：网络关系可能会影响网络中心位置与企业间

知识异质度的关系。

命题三:企业间知识异质度对企业创新绩效的影响。

命题四:联盟治理机制可能会影响企业间知识异质度与企业创新绩效的关系。

上述命题是本书基于案例分析所获得的初步结论,它们为本书接下来概念模型的构建及研究假设的提出奠定了来自实践层面的证据基础。本书将以上述命题为依据,从理论层面进行深入的逻辑推导,形成进一步的研究假设。

第4章　概念模型构建与研究假设

　　本章在前人研究的基础上,将企业网络中心性、企业间知识异质度、联盟治理机制与企业创新绩效纳入一个整体的研究框架进行深入分析,构建出本书的整体概念模型。

4.1　概念模型构建

　　从单个企业主导的组织范式到联盟、虚拟组织和组织间网络,组织模式正在向网络化演进,"网络"正在重塑全球业务架构(林润辉等,2013)。

　　Tapscott 和 Williams(2006)的研究指出,创新网络(innovation networks)成为一种重要的战略行为。这种网络不仅包括产业链上正式的产业和经济网络,还包括社会网络、企业家个人的关系网络以及研发机构和相关服务机构等组成的组织网络。越来越多的组织结成了战略网络关系,其目的是依靠和利用组织的战略协同、知识共享以及资源交换等为组织带来竞争优势(Gulati et al. , 2000)。

随着创新复杂性与不确定性的增加,企业不得不在创新的各个阶段寻求合作(Escribano et al. ,2009)。企业技术创新模式也从基于企业内部的线性范式向基于企业间的网络范式转变,以往研究主要关注网络结构对企业创新绩效的影响。

获取外部异质性信息与知识构成组合创新的基础,而研究表明构建充满结构洞的稀疏网络有助于行动主体及时接触到多样性的知识。然而对创新主体而言,创新的实现需要借助更紧密的关系网络所产生的信任、规范以及共同语言等以实现复杂与默会知识的分享与整合。

因此,一方面,有效获取外部异质性知识需要构建充满结构洞的松散网络;另一方面,又需要封闭与紧密的关系网络以实现异质性知识的有效吸收与整合。有些学者关注封闭与高密度的关系网络如何基于紧密的互动与高水平的信任使其成员更容易相互利用资源(Coleman,1988;Portes,1998),而 Burt(1992,2004)等学者则强调充满结构洞的稀疏网络对非冗余信息获取以及创新的重要性。

实证研究表明,封闭性的网络的确有助于企业间的知识转移与创新(Ahuja, 2000;Dyer&Nobeoka,2000;Schilling&Phelps, 2007),而其他研究则支持了结构洞网络对知识创造的促进效应(Hargadon&Sutton, 1997;McEvily&Zaheer,1999)。

Williamson(1979,1999)指出,处于企业和市场之间的是混合组织,与之相匹配的治理机制应是混合治理机制。在网络治理研究中,一些学者认为契约与信任之间存在互补性整合的特征。虽然大量的观点主张契约与信任之间是一种替代关系(Lincoln&Gerlach,2004;Nooteboom et al.,1997;Zaheer&Venkatraman,1995;Gulati&Sytch,2007),但也有少数研究指出,信任是对契约治理机制的一种补充,将二者整合在一起才能更好地提升治理绩效(Poppo&Zenger,2002;Gulati&Nickerson,2008)。由于资源的缺乏,企业会在联盟网络中寻求其他企业的异质性、互补性资源,建立二元关系进而形成网络联系。除契约之外,企业还会借助信任、互惠等非正式治理机制共同治理。

非正式治理机制中的信任与互惠作为正式治理机制的补充,在抑制机会主义与促进企业间合作方面发挥着越来越重要的作用(Dyer&Singh,1998)。信任反映的是"一方相信对方的话语或承诺是可靠的,由此愿意在关系中履行自身义务的一种信念"(Inkpen,2004)。信任之所以能促进组织知识的转移,是因为它增加了一方帮助另一方理解外部新知识的意愿(Lane et al.,2001)。

信任与互惠等非正式治理机制通过促进联盟成员间的紧密互动、鼓励知识间不同组合的试验以及增加共同解决问题的努力,以提高企业的相对吸收能力(Dyer&Nobeo-

ka，2000；Uzzi，1997）。企业间的信任增强了企业间知识分享的意愿、降低了知识保护的程度、提高了知识分享与创造的水平（Kale et al.，2000；Larson，1992）。基于此，Phelps（2010）提出，基于紧密网络的互惠与信任正向调节网络异质度与探索式创新之间的关系。

Powell（1990）提出，与预测、权威、谈判等机制相比，信任能以更快的速度、更少的花费减少联盟网络的复杂性和不确定性，从而降低监督成本、扩展合作领域、增加对合作的投入以及增强合作的灵活性，进而提高协作创新绩效。

Gulati（1998）指出，企业间信任的存在有利于它们进行知识共享与互动，使企业能够更紧密地联系在一起，进行协作创新。Cullen（2000）、党兴华和刘兰剑（2006）指出，网络成员间的信任对企业技术创新具有积极的促进作用。徐和平等（2003）提出，影响产品创新绩效的一个重要因素是隐性资源的交流、共享和创新程度，而信任是成员企业资源共享的前提。

尽管以往研究认为信任能够促进组织知识的转移，但有些研究表明，高度的信任也可能导致集体盲从并制约知识的交换和组合（Lane et al.，2001；Yli-Renko et al.，2001）。

综上所述，对联盟网络知识异质度、治理机制与企业创新绩效之间关系的研究已经积累了大量的研究成果，但现有研究要么基于单个企业的视角,要么基于整个联盟网络的视角,忽略了单个企业与联盟网络之间的互动与统一。

有关企业网络位置与知识获取的研究也颇丰,但是深入研究网络关系对企业网络位置与其获取联盟合作创新伙伴的企业间异质性知识的研究并不多见。

与此同时,这些研究关于联盟治理机制对于企业间知识异质度与企业创新绩效之间关系调节作用的分析局限在孤立的正式或非正式治理机制层面上。有关正式与非正式治理机制的联合调节作用的研究较为有限,而且有关不同企业间知识异质度的水平与不同类型创新绩效的联盟治理机制调节效应的研究也有待细分研究。基于此,本书提出如图 4.1 所示的整体概念模型。

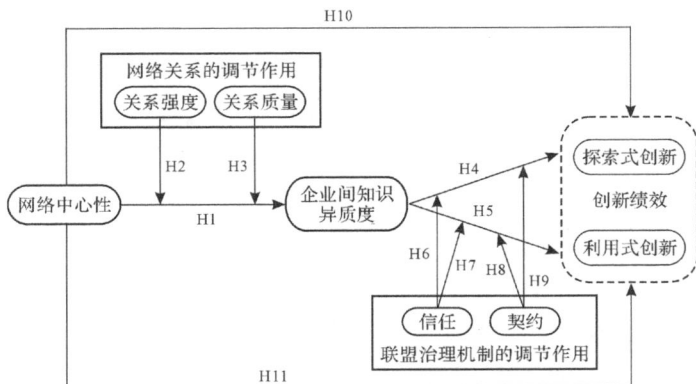

图 4.1　整体概念模型

注:H$_1$~H$_{11}$表示假设 1~假设 10

4.2　研究假设提出

4.2.1　子研究 1：网络中心性与企业间知识异质度关系研究

根据前面相关章节的文献总结，子研究 1 提出网络中心性及网络关系对企业间知识异质度的影响效应，概念模型见图 4.2。

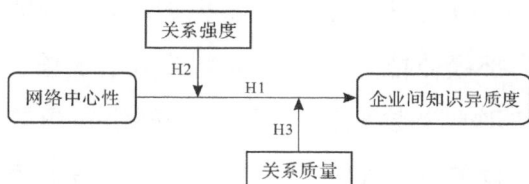

图 4.2　子研究 1 概念模型

（1）网络中心性对企业间知识异质度的直接作用

Dyer 和 Singh(1998)以及 Gulati(1999)将企业资源研究的边界从企业内部拓展到企业所嵌入的联盟网络。企业是嵌入在联盟网络之中的(Nielsen，2005)，企业获取联盟合作创新伙伴的异质性知识会受其网络位置的影响。

各种研究已经证明，企业的关系数量越多，获取知识的可能性越大。而且，联结关系能够提高企业的信息处理能力，信息处理能力则有助于网络中的知识流动(Hansen,1999;Gupta&Govindarajan,2000)。虽然关系数量有助于获得外部知识,但企业在整个关系网络中的位置决定了企业能否从这些知识的运用中受益。处于网络中心位置的企业所具有的中间人角色,使它们能够获取更多的信息和知识,甚至可以控制知识的流动和转移(Burt,1992)。因此,本书认为居于网络中心位置的企业与联盟中其他企业的联系更紧密,也更容易获取各种信息和知识,网络中心性能够影响企业获取异质性知识的能力。

Tsai(2001)较早基于整合的思想,综合研究了外部网络位置与内部吸收能力对企业创新绩效的影响。钱锡红等(2010)也基于本土数据,探讨了企业网络位置与吸收能力对其创新绩效的交互效应。本书认为,将占据有利网络位置与嵌入紧密关系网络统一起来对创新主体获取企业间异质性知识无疑是有直接作用的,周长辉和曹英慧(2011)也得出了相似的结论。

Wei等(2000)通过对生物技术产业中创业企业的研究发现,企业规模和其在合作网络中的位置会影响其创新绩效。Tsai(2001)指出,在企业吸收能力作为中介变量的前提下,如果企业占据了网络中心位置,就可以获得更丰富的知识来源,产生更多的创新绩效。Chung等(2005)等指出,个体企业在合作网络中享有更中心的位置时能够获得相对于合作伙伴更多的创新绩效。林润辉(2013)认为,企业只有维持大量(网络中心性程度高)且异质性(占据结构洞位置)的联盟网络关系,才能不断为其提供多样化的信息,进而提高企业创新绩效。

位于网络中心位置的企业由于其声望较高,会有更多的网络成员愿意与之建立关系,因此可以迅速发现和接近正在进行有前景的创新活动的企业,也就有更多的机会接触到新的信息和诀窍(党兴华、孙永磊,2013)。

网络中心性高的企业具有先发优势,可以较容易地获得需要的知识、信息。其处理复杂知识的能力也相对较高,能够提高合作伙伴间的认知程度,更加有利于企业间异质性知识的获得。

异质性知识资源和战略选择是解释企业创新绩效的重要变量。Grant 和 Aden-Fuller(2004)指出,通过这种网络关系获取的知识可以转化为产品、服务,或与自己原有知识整合创造新知识,获得创新能力和竞争优势。"嵌入性"理论解释了企业作为创新活动的主体存在于一个复杂的经济社会网络之中,表征了企业在网络中的位置属性决定了企业在网络中所能聚集、整合、配置的资源数量。而在研发联盟网络中,这种资源更多意味着来自网络其他成员的异质性知识与技术。

企业所占据的网络位置正是企业合作范围和认知范围

的体现,它是企业在从事联盟合作创新活动中能够涉及的相互关联的水平。它并不局限于企业与上下游企业或同业竞争对手之间,也包括政府部门、科研机构等更广阔的网络环境。网络中心性是其获得知识来源的重要渠道,网络中心性高的企业往往处于联盟的核心位置,在研发联盟中掌握更多的主动权,能够使企业有更丰富的网络联结与其他联盟合作创新伙伴企业交换各自现有的知识库和产品研发技能。网络中心性可以理解为享有信息优势和控制优势的一种关键位置,这种位置对于企业的意义在于它在相当程度上成为影响企业获取异质性知识的广度与有效程度的重要因素。

综上,本书提出如下假设:

H1:网络中心性对企业间知识异质度存在正向影响。

(2)关系强度与关系质量的调节作用

从资源基础观视角看,资源的稀缺性、不可替代性、难以模仿性以及不完善的流动性会影响企业的竞争优势。但在企业互动以及互相依赖的研发联盟合作创新环境中,关系的性质是企业网络位置与其获取异质性知识之间重要的情境变量。关系的强度与质量影响企业与合作伙伴之间资源(异质性知识)互动的深度和广度,进而影响彼此异质性知识学习或整合的程度。

关系强度反映了联结企业之间关系的密切程度,通常随着双方频繁的交流和沟通而提高(Hansen,1999)。越来越多的研究表明,高强度关系会促进知识转移(Reagans & McEvily,2003;Rowley et al.,2000)。可以断定,高强度关系会促进企业和部门努力确保知识追求者或接受者充分理解并运用新获得的知识(Hansen,1999)。

稳定的关系强度可以帮助企业稳定地吸收伙伴成员的创新信息,而频繁变动的关系强度可能使企业无所适从。Inkpen 和 Tsang(2005)认为有效利用网络中的成员关系以及因此产生的重复和持久的交换关系,企业可以获取网络中有价值的知识。

在企业间知识转移的过程中,企业间的网络关系对于信息和知识交换的数量和质量至关重要。保持一定的联结强度,能够保证企业网络中所需知识的有效转移与获取(谢洪明等,2012)。

Baum 等(2003)认为相互没有合作经历的企业通过与共同的合作伙伴的联结而建立合作伙伴关系(即结构嵌入性),不仅会增加相互之间的信任,而且还会彼此提供接触多样化信息、技术和市场的机会,有利于合作技术创新活动的进行。

除了关系强度以外,以往研究还认为双方的关系质量也会影响组织知识转移(Lane et al.,2001;Szulanski et al.,2004)。关系质量最常见的应用是供应链管理,其被视为"双方企业积极从事长期合作关系的程度"（Chu&Wang，2012；Tan & Ndubisi，2014）。近年来，关系质量的构建逐渐被应用于企业合作机制（宋喜凤等，2013；刘刚、王岚，2014；Velez et al.，2015）。

高水平的关系质量能够提高信息和资源交换的效率（Chang et al.，2012）。关系质量反映了合作双方之间的信息共享、沟通质量、长期导向和满意度（Chen et al.，2010）。越良好的关系质量意味着各方共享的信息和技术资源越充分，产生的特定关系记忆越多。积极的关系质量能够促进合作企业之间的相互信任和依赖，同时为了信赖另一方企业，企业需要充分了解合作方的能力并确信其不会伤害本企业，进而缩短企业之间的心理距离和认知差距，对企业之间的特定关系记忆具有积极的促进作用（Chiang et al.，2014）。

为了实现更好的关系价值，基于亲密关系的关系质量之间的承诺能够提高知识源企业的开放性，能够促进企业提高特定外部数据库的更新水平（周杰，2014）。如果合作双方之间存在更好的关系质量，有利于减少知识传递和知识接收过程中的误解（马鸿佳等，2017）。

关系强度和关系质量影响了联盟网络中核心企业与其他企业之间资源交换与共享的水平、异质性知识的互换与开发。随着关系强度的加深和关系质量的提高，占据网络中心位置的研发联盟核心企业与其他合作行为主体之间的联系紧密程度、合作规范、对未来价值的预期和通过互相学习或参与知识创造的动机会随之加强。合作双方之间对合作过程中可能产生的不确定性行为和可能面临的消极影响的担心会随之减弱，可以更坦诚、更开放、更深度地利用对方的互补性资源或异质性知识与技术。合作双方共享的知识与技术更趋向于详细、复杂与专有化，更能默契地融合这种异质性知识，提高异质性知识获取与吸收的效率。

研发联盟中的合作创新关系也属于生产中的一种网络类型。通过把复杂多样的关系形态表征为一定的结构类型，占据网络中心位置的核心企业所具有的接触其他与本企业存在知识异质度的伙伴企业的能力更强，这是由于不同网络位置对其他网络节点企业会形成不同的企业间知识交流与共创的关系，对传递相似或不同领域技能、知识，以及调试研发联盟不确定性情境发生作用，即产生基于网络位置的关系调节效应。具体表现在以下两个方面。

（1）在占据网络中心位置的核心企业与其他网络节点企业的关系联结更密切，交流更频繁，表现出的关系强度水平更高的情境下，核心企业对来自网络节点合作企业的异质性知识的获取吸收效果更好，企业间知识异质度构建程度更高。

（2）在占据网络中心位置的企业与其他网络节点企业

合作双方之间的信息共享、沟通质量、长期导向和满意度水平更高,表现为关系质量更佳的情境下,核心企业对来自网络节点合作企业的异质性知识的获取吸收效果更好,企业间知识异质度构建程度更高。

综上,本书提出如下假设:

H2:关系强度对网络中心性与企业间知识异质度之间的关系具有正向调节作用;

H3:关系质量对网络中心性与企业间知识异质度之间的关系具有正向调节作用。

4.2.2 子研究2:企业间知识异质度与企业创新绩效关系研究

联盟合作创新伙伴的企业间异质性知识为企业提供了解决不同问题的途径,增加了企业探索新知识组合与新颖解决方案的潜在可能(Granstrand,1998)。异质性知识网络能够帮助经理人和中介人获取更多有用的信息,并且对管理绩效与创新绩效都具有正向效应(Rodan&Galunic,2004)。

异质性知识的获取对企业创新能力的影响吸引了大量学者的注意,有学者提出异质性知识由于规模经济与共享效应对企业创新绩效具有促进作用(Suzuki&Kodama,2004;Subramaniam&Youndt,2005),但是也有学者认为异质性知识由于容易产生冲突且难以转移、吸收,对企业创新绩效具有负面效应(Lin&Chen,2005;Garcia-Vega,2006)。部分学者权衡了异质性知识对企业创新绩效的收益与成本,还有部分学者验证了异质性知识对企业创新绩效具有倒"U"形的非线性关系(Sampson,2007;Oerlemans et al.,2013)。

高异质度将会减少联盟成员间分享共同语言和共同思维模式的机会(Cohen&Levinthal,1990)。由于竞争的本性所导致的机会主义使得联盟成员面临非自愿知识流失、拒绝付出努力与资源以达成联盟目标、新知识的误传以及传播默会知识所面临的挑战等风险(Gulati&Singh,1998),而企业间知识异质度加剧了这种矛盾。因为高异质度带来更独特的默会知识,从而增加协调成本(Sampson,2004)。所有这些交易风险将降低合作与知识分享的意愿,从而阻碍企业创新的努力(Phelps,2010)。

显然,企业间知识异质度并非没有成本。随着企业间技术知识差异程度的增加,它们彼此间识别、吸收以及应用知识的能力在下降,导致企业必须充分利用自身的组织资源去理解和整合来自外部合作企业的异质性知识。当异质度超过一定阈值,认知能力和吸收异质性知识经验的缺乏将限制企业对异质性复杂元素间互动的理解能力(叶江峰等,2016)。此外,从异质性资源中整合新颖的知识通常需要改变现有的沟通模式与社会交换模式,这在既定的组织中很难实施(叶江峰等,2015)。当企业间知识异质度超过一定阈值,吸收和利用知识的成本将大幅度提高,进而对企业创新绩效产生负面影响。

Phelps(2010)研究了网络多样性与探索式创新之间的关系,他认为网络多样性增加企业从网络中所获知识的新颖程度。当组织突破了自身的认知和组织障碍后,通过内部资源与外部资源的整合,可以识别、选择、汲取有价值的与企业内部资源相适应的隐性技术知识等外部稀缺资源,推动企业跃上新的技术平台(党兴华、刘景东,2013)。

针对现有学者关于知识异质度与企业创新绩效关系各种不同的结论,企业创新是一个具有宽泛内涵和广阔外延的概念,是指企业以市场为导向,利用各种技术和知识改进现有产品和工艺,或创造新的产品和工艺,并推进它们成功实现商业化的过程。

自从 March(1991)在研究组织适应性的过程中提出了探索式学习和利用式学习的概念后,探索式创新和利用式创新的概念随之出现,逐渐成为学界研究的热点(Jansen et al. ,2006),并与企业异质性知识的学习和获取过程关联起来。探索式创新需要获取和创造全新的知识,是力求脱离和超越现有知识基础的技术创新活动;利用式创新是主要以现有知识基础为依托的技术创新活动,强调对现有知识进行提炼、整合、强化和改进,倾向于对企业间相似性知识的整合与利用。本书的研究正是从知识管理的角度出发,探讨知识异质度与创新绩效的关系。

为了使研究更加符合中国企业创新活动的实际情况,针对中国高新技术企业创新战略的实施和创新绩效的结果评价,中国企业更适合于采用探索式创新和利用式创新。利用式创新是对现有技术的小幅改善或简单调整,它强调通过在现有特定技术和市场领域内提供更深入和更具体的信息来保证执行和效率,其回报是正向、即期和可预测的。探索式创新则是指寻找对组织来说是全新的技术、知识和能力,以创造新的行业、产品或市场。它允许更具变革式的实验与创新,其实质是对新选择的尝试。企业将面临不同于现有经验或远超原本领域的知识,因此回报是不确定的、远期的。中国企业普遍采用这两种创新战略来指导企业的产品创新活动,并用产品结果来评估创新绩效。

本书试图对企业创新绩效进行细分考量,深入探究企业间知识异质度对两类不同的创新绩效,即探索式创新绩效与利用式创新绩效的影响作用。

探索式创新是寻找新组织惯例和发现新的方法技术、业务、流程和产品的结果(Lin&McDonough,2014)。其目标是通过提供新的设计,创造新的产品/服务,并开发新的销售渠道满足新兴客户和市场的需求(Li et al.,2014)。

利用式创新是建立在现有技术、客户和市场知识基础上的，并对现有技能和流程进行加强（Lin&Chang，2015）。

本书认为，企业间知识异质度给企业提供更丰富的与本企业知识领域不同的多样化的知识与信息，而探索式创新正是需要获取和创造全新的知识，力求脱离和超越现有知识基础的技术创新活动。因此，企业间知识异质度会促进探索式创新绩效。

利用式创新主要是以现有知识基础为依托的技术创新活动，强调对现有知识进行提炼、整合、强化和改进，倾向于对企业间相似性知识的整合与利用。企业间知识异质度过高，反而不利于企业专注于自身内部知识的整合与改进。因此，本书认为企业间知识异质度对利用式创新绩效起到负向影响。

基于此，子研究 2 提出企业间知识异质度对探索式、利用式创新绩效的影响研究，具体概念模型见图 4.3。

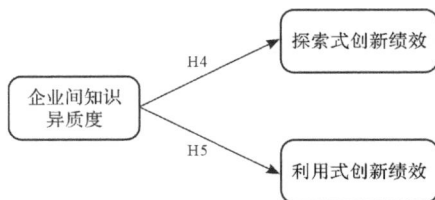

图 4.3　子研究 2 概念模型

综上，本书提出如下假设：

H4：企业间知识异质度对探索式创新绩效具有正向影响；

H5：企业间知识异质度对利用式创新绩效具有负向影响。

4.2.3　子研究 3：联盟治理机制对企业创新绩效的调节作用

虽然企业间联盟科研活动模式提供企业接触联盟合作创新伙伴异质性知识的机会，但这并不保证企业可以有效地识别、分享以及吸收它们（Hamel，1991）。技术知识的默会与嵌入性质使其很难被成员伙伴识别、传播与吸收（Teece，1992），从而降低了成功组合的可能性（Galunic&Rodan，1998）。

知识异质度的提高将会加剧问题的严重性，因为企业的相对吸收能力将会下降（Lane&Lubatkin，1998）。高异质度将会减少联盟成员间分享共同理解、共同语言以及思维模式的机会（Cohen&Levinthal，1990）。

除此之外，由于竞争的本性所导致的机会主义使得联盟成员面临非自愿知识流失、拒绝付出努力与资源以达成联盟目标、新知识的误传以及传播默会知识所面临的挑战等风险（Gulati&Singh，1998），而网络异质度加剧了这种矛盾。因为高异质度带来更独特的默会知识，从而增加协调成本(Sampson，2004)。所有这些交易风险将降低合作与知识分享的意愿，从而阻碍企业创新的努力(Phelps，2010)。

所以，联盟治理机制作为一种重要手段在企业间异质性知识与企业创新绩效的实现中起到了调节作用。

联盟治理机制通过影响联盟合作创新伙伴之间信息分享的能力与意愿作用于企业创新绩效，而股权与契约是组织联盟活动最常用的两种正式治理机制。知识基础观认为，科层组织由于共同的知识基础与职权的存在使得沟通与协调的成本大大降低，相比于松散的组织更有利于复杂与默会性质的知识与信息的传播(Kogut&Zander，1992)。一方面，交易成本理论认为股权联盟通过共同管理、私下解决不完备的合约条款所导致的冲突等治理机制促进了对联盟活动的控制以激励知识分享，尤其是成员间的知识异质度比较高时。另一方面，非正式治理机制中的信任与互惠作为正式治理机制的补充，在抑制机会主义与促进企业间合作方面发挥着越来越重要的作用(Dyer&Singh，1998)。

企业间的信任将降低知识保护的程度，提高知识分享与创造的水平(Larson，1992；Kale et al.，2000)。刘学等(2006)基于中国制药产业对研发联盟中初始信任与控制战略选择的研究也表明非正式治理机制在联盟之初的重要作用。信任是产品创新网络中的一种重要治理机制，其降低了网络成员之间合作的交易成本(徐和平等,2002)。

从契约到信任关系的建立,是一个治理机制加强的过程。其最高的表现为关系联结的各方建立了共同愿景,并且为了该愿景有共担风险的意愿、自我调适的自觉,机会主义风险大大降低。发展信任关系使竞争对手难以模仿,因为信任关系具有复杂的社会性及特质性(Dyer&Singh,1998)。信任的深入发展会使伙伴之间更为开放各自的资源、专有技能及默会知识,而不用担心受到敲诈及背叛(如专有知识被偷窃而获私利)。此外,发展信任关系也使联盟关系的适应性、柔性得到增强,焦点企业与伙伴之间可以在刚性的合同之外通过简单磋商即对合同条款及时进行调整或直接采取行动,尤其在应对环境复杂性方面(刘雪梅,2012)。

企业间异质性知识延伸了企业创新资源的边界,但由于企业间管理结构、地理位置和认知水平的差异,信息不对称带来的机会主义,以及合作动机的不确定性和彼此间工作任务的相互依赖程度等问题,使得创新企业难以搜寻、获取、转移和吸收外部异质性知识。

当核心企业在研发联盟网络中获取了相当程度的异质性知识时,其构建的基于自身产品创新活动所需的企业间知识异质度将直接作用于企业创新绩效,但是联盟治理机制的权变设置影响企业更有效地吸收、转化、应用这些已经获取的异质性知识。联盟治理机制设置的情境不同,将影响企业利用企业间异质性知识、企业间知识共享效应、协同效应以及整合效应,改变企业异质性知识资源的运用边界和使用价值,进而影响企业创新绩效。具体体现在以下几个方面。

(1)契约治理机制是管理联盟创新网络企业间关系的一种正式手段,通常是合同控制即契约治理的方法。通过正式的契约手段如合同、协议等,规范创新网络主体的行为,降低合作风险。但是,合同只是一种硬性的约束,是一种强制性的规定,不可能完全消除合作风险。在联盟合作创新中,主体企业完全依靠契约治理的方法来控制和协调双方之间的关系是不可行的,联盟合作创新风险产生的根本原因在于合作企业之间缺乏相互信任。

(2)信任治理机制会让联盟合作创新伙伴觉察到情感上的关心和关注,合作创新行为也比建立在合同的相互威慑下更易达成。信任是合作的基础,它受到资产专用性、声誉、能力和可替代性等因素的影响。在高信任的网络环境中,企业之间不仅仅是交易关系,还有更高的承诺和认知关系,更倾向于表现出高层次的交互活动(如知识分享、知识转移等)。因此,高信任带来的高承诺感受和高交换质量可以有效缓冲网络结构洞带来的过多不利影响,使之更加有利于企业探索式技术创新活动(章丹、胡祖光,2013)。

信任治理机制通过企业间的相互信任、紧密沟通消除彼此间的误会,减少或消灭组织间的信息不对称,促进知识和信息在组织边界中无阻碍的流通。通过协商和谈判促进合作双方专用性资产的投入,同时借助声誉的网络性传播大大减少机会主义行为。企业间通过开诚布公的交流,可以更好地了解合作创新中应尽的义务和参与规则,以及外界环境发生变化时应及时作出的调整,促进企业间异质性知识的转移与吸收,进而影响企业创新绩效。

(3)联盟治理机制影响企业间知识异质度对企业不同类型创新绩效的直接效应效果。就契约治理机制而言,它主要通过外部权威约束力对合作过程中的机会主义行为发挥强有力的监督、控制和惩罚作用,从而达到遏制潜在合作风险,促进创新绩效的目的;与契约治理的强制手段不同,信任治理机制是通过合作双方对彼此的积极预期以及互惠互利原则等柔性手段,使联盟成员产生自我行为约束的主观愿望,从而有效防止合作中的道德风险,增强盟员知识转移意愿(刁丽琳、朱桂龙,2015)。

鉴于探索式创新与利用式创新的内涵区别,探索式创新更多的是利用异质性高的、隐性的知识对新领域内的新产品或新技术进行开发。企业间异质度水平的提高,会使知识转移的难度加大,而如果联盟成员之间存在高度信任,双方对彼此的正确行为边界建立了某种心照不宣的默契,并形成良好的自我执行机制,令盟员自觉抵制自身的机会主义行为,不再怀疑对方的合作动机,势必对企业间异质性、默会性知识的转移起到良好的促进作用,进而更加有利于探索式创新。除了增强企业间知识分享的意愿,信任与互惠等非正式治理机制通过促进联盟成员间的紧密互动、鼓励知识间不同组合的试验以及增加共同解决问题的努力,提高企业的相对吸收能力(Uzzi,1997;Dyer&Nobeoka,2000)。基于此,Phelps(2010)提出,基于紧密网络的互惠与信任正向调节网络异质度与探索式创新之间的关系。

而过于完备的契约治理机制意味着合作伙伴所感知的成员机会主义行为的风险较高,需要借助大量合同手段控制,从而可能破坏双方信任建立的根基,令另一方成员产生不被信任的消极情绪。作为回应,合作伙伴也往往采取一些"针锋相对"的不合作策略,包括刻意限制或停止合作创新过程中涉及的必要的异质性知识的分享与转移。两种治理机制的此消彼长影响企业间知识异质度对探索式创新绩效的直接效应效果。

利用式创新更多的是企业对自己已有产品的改良,或者开发更多的产品样式,在现有工艺或技术上做出修改和改进。这些创新活动并不需要太多成员伙伴间高度的异质性知识或复杂知识的交流与共享,更多的是依靠合同关系的履行来实现。与此同时,如果企业双方的信任程度较高,那么将大大减少履约过程中的"搭便车"或者不作为行为。两种治理机制相得益彰的关系为企业间知识异质度对利用式创新绩效的直接效应效果创造了良好的情境。

　　基于此,子研究 3 提出联盟治理机制对企业间知识异质度与探索式、利用式创新绩效存在的调节效应,具体概念模型见图 4.4。

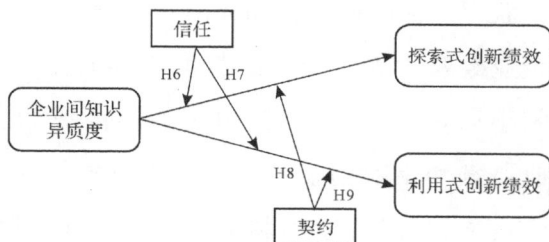

图 4.4　子研究 3 概念模型

　　综上,本书提出如下假设:

　　H6:信任治理机制对企业间知识异质度与探索式创新绩效关系有正向调节作用;

　　H7:信任治理机制对企业间知识异质度与利用式创新绩效关系有正向调节作用;

　　H8:契约治理机制对企业间知识异质度与探索式创新绩效关系有负向调节作用;

　　H9:契约治理机制对企业间知识异质度与利用式创新绩效关系有正向调节作用。

4.2.4 子研究 4:企业间知识异质度的中介作用

资源基础观强调企业自身资源对其提高创新绩效的独特价值,然而,企业自身的资源是有限的。专业化分工的发展也导致企业可能只拥有某一方面的资源,当企业无法完全从内部获得所需资源时,必须从拥有该资源的其他组织(或企业)中获得(Lambe&Spekman,1997)。

随着企业经营边界由传统的有形边界向无形边界延伸(李海舰、陈小勇,2011),外部知识网络逐渐成为企业创新的重要构成要素和驱动创新的一种组织方式。知识的分布性特征逐渐增强,封闭式学习将阻碍企业及时获取新的异质性知识。为了配置分散的知识,企业不得不在创新的各个阶段寻求外部合作,纳入各类外部知识源并通过以跨地域、时区或组织的项目团队为载体的分布式创新,以各种知识共享为联结纽带,积累全球范围内的技术知识,从而获取竞争优势。

外部网络的异质性知识是企业获取知识的关键渠道(Ahuja,2000;Powell et al.,1996)。企业间广泛的联盟关系的建立形成了联盟网络,联盟网络是企业间知识和信息流动的通道。联盟网络内的企业共同参与新产品的设计、开发、生产和销售,共同参与创新的开发与扩散(Imai&Baba,1989;Freeman,1991;Arndt&Sternberg,2000)。

企业通过网络嵌入来获得联盟网络内的新知识并将其重新组合,进而提高企业的创新绩效(Gilsing et al.,2008)。

Wei 等(2000)对生物技术产业中创业企业的研究发现,企业规模和其在合作网络中的位置会影响其创新绩效。Tsai(2001)指出,如果企业占据了网络中心位置,可以获得更丰富的知识来源,产生更多的创新绩效。Chung 等(2005)等指出,个体企业在合作网络中享有更中心的位置时,能够获得相对于合作伙伴更多的创新绩效。林润辉(2013)认为,企业只有维持大量(网络中心性程度高)且异质性(占据结构洞位置)的联盟网络关系,才能不断为其提供多样化的信息,进而提高企业创新绩效。Powell 等(1996)的研究表明,联盟经验多样性促进了企业学习。拥有不同联盟经验的企业更可能占据网络的中心位置,实现更高的增长率。

研发联盟网络的建立能够加强网络中企业之间的知识互动,并相应拓展核心企业所拥有的知识的深度与宽度。企业为实现组织间创新性合作的绩效,必须有效地"杠杆化利用"组织与合作伙伴的组织间关系(罗珉、何长见,2006)。通过知识无形性及社会系统复杂性的嵌入,把自己所积累的知识变成其竞争优势的重要元素(Kogut&Zander,1992)。无论是知识的交换与整合还是资源的互依与互动,其实质都在于企业网络能力边界的扩张,核心企业能够跨越实体边界对其他企业的资源或知识进行获取、整合与吸收。

当企业尝试创新,即不仅基于现有知识,还要吸收外部异质性知识时,获取和吸收联盟合作创新伙伴的异质性知识资源对自身创新的价值意义非凡。占据网络中心位置的企业具有先发优势和较强的吸引力,可以较容易地获得需要的来自网络成员伙伴的异质性知识、信息与技术,更容易建立联结提升联盟合作创新伙伴之间的认知程度,有利于双方知识源的相互匹配与学习,建立企业间异质性知识资源库,进而促进企业创新绩效的提升。

基于此,结合子研究 1 和子研究 2 的理论推导,子研究 4 构建了企业间知识异质度作用于企业网络中心性与企业创新绩效的中介机制模型,具体概念模型见图 4.5。

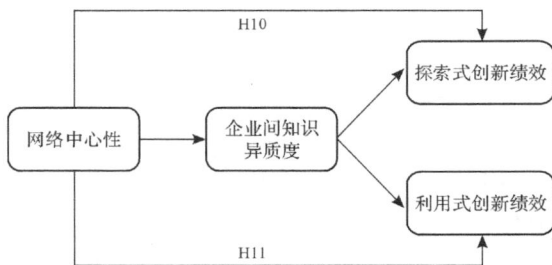

图 4.5　子研究 4 概念模型

综上,本书提出如下假设:

H10:网络中心性与探索式创新绩效的关系——企业间知识异质度的不完全中介效应;

H11:网络中心性与利用式创新绩效的关系——企业间知识异质度的不完全中介效应。

本章的最后列出提出的所有问题与研究假设(见表4.1)。

表 4.1　研究问题与研究假设一览

研究问题	研究假设
研究问题 1: 网络中心性与企业间知识异质度的关系:关系强度与关系质量的调节作用。网络中心性与企业间知识异质度之间究竟存在何种相关关系? 关系强度与关系质量是否对二者之间的关系起到调节作用?	H1:网络中心性与企业间知识异质度之间具有正向相关关系。 H2:关系强度对网络中心性与企业间知识异质度之间的关系具有正向调节作用。 H3:关系质量对网络中心性与企业间知识异质度之间的关系具有正向调节作用。
研究问题 2: 企业间知识异质度与企业创新绩效之间的关系研究。企业间知识异质度与探索式、利用式创新绩效之间分别存在何种关系?	H4:企业间知识异质度对探索式创新绩效具有正向影响。 H5:企业间知识异质度对利用式创新绩效具有负向影响。
研究问题 3: 不同的联盟治理机企业制对企业间知识异质度与创新绩效关系的调节作用。不同的联盟治理机制(信任和契约)对企业间知识异质度与企业创新绩效之间的关系是否存在各自不同的调节效应?	H6:信任治理机制对企业间知识异质度与探索式创新绩效关系有正向调节作用。 H7:信任治理机制对企业间知识异质度与利用式创新绩效关系有正向调节作用。 H8:契约治理机制对企业间知识异质度与探索式创新绩效关系有负向调节作用。 H9:契约治理机制对企业间知识异质度与利用式创新绩效关系有正向调节作用。

续　表

研究问题	研究假设
研究问题 4： 网络中心性与企业创新绩效的关系——企业间知识异质度的中介作用。企业间知识异质度是否在企业网络位置与企业创新绩效之间起到部分中介的作用？	H10：网络中心性与探索式创新绩效的关系——企业间知识异质度的不完全中介效应。 H11：网络中心性与利用式创新绩效的关系——企业间知识异质度的不完全中介效应。

第5章　研究方法

　　科学规范的研究方法是研究的重要组成部分,本章将阐述所采用的研究方法。由于本书属于企业层面研究,所涉及的数据难以从公开资料中获取,因此采用问卷收集数据。问卷调查法是管理学定量研究中最为普遍的方法,如果实施得当,将收集到高质量的研究数据,进而快速有效地进行后续实证分析。下面详细描述问卷设计、样本选择与数据收集、变量测度、数据分析方法等内容。

5.1　问卷设计

5.1.1　问卷设计过程

　　本书主要研究企业网络位置、网络关系、联盟治理机制对企业创新绩效的影响作用。研究包含的网络中心性、关系强度及质量、信任与契约治理机制、探索式创新、利用式创新等变量都难以从企业公开的财务报表中获取，也难以利用公开的定量及定性资料评价，因此本书选择了问卷调研法，以获得一手数据进行实证分析。

问卷设计的合理性和科学性是保证数据的信度和效度、提高数据有效性、确保统计分析结果可靠性的重要基础。针对问卷设计的方法和原则，陈晓萍等（2012）提出了许多有益的建议和方法。沿用现有量表和自行设计量表是目前问卷调研法中问卷设计的两种实施方案。本书参考这些学者的建议，从问卷设计的原则、过程和有效性等方面，分以下步骤进行问卷设计。

（1）设计问卷前的决策。对于研究思路、理论基础、研究假设的确立必须提前于研究方法的设计。充分考量问卷中将要调查的变量、问卷的可容量，突出重点，避免设计出篇幅过长的问卷。

（2）量表尺度的选择。列名法、顺序法、间隔法和比例法，本书选取的是间隔法，即 Likert 尺度。

（3）问卷问题的设计原则。遵循开放型和封闭型问题的适用原则，本书采用的是封闭型问题，同时辅以正向和反向问题的佐证，同时避免具有双重意义的问题、避免具有诱导意义的问题和避免答卷者为满足社会或自我期望动机的问题。

（4）文献梳理，形成初始问卷。对于创新绩效等具有成熟量表的变量,直接使用文献中的经典量表。对于企业间知识异质度等缺乏成熟量表的变量,首先回溯文献中相关变量的量表,形成量表库,其次根据变量含义和研究情景选择合适的题项。

(5)征询本书领域学术专家的意见。笔者首先与导师、已毕业博士同门以及在读的博士研究生进行讨论,征求同济大学、华东理工大学、安徽大学、合肥工业大学从事战略管理、知识管理、创新管理等研究的相关教授专家的意见,并根据建议对问卷题项进行了必要调整,务求使本阶段的问卷题项能够涵盖概念模型设计变量的内容。

(6)征求企业界专家的意见。就上述经学术讨论形成的问卷,笔者与华为上海研究所、科大讯飞等集团公司的中高级管理人员及研发人员进行了深入访谈,访谈的内容主要包括三个方面:一是如何理解知识异质度,主要体现在哪些方面;二是讨论各个题项所反映的概念范畴与逻辑关系是否符合企业的实际情况;三是对问卷的措辞进行讨论,使问卷尽量不包含专业术语,以提高问卷的可读性及易答性。通过与企业界专家的讨论,形成了预测试问卷。

(7)确定最终问卷。针对预测试问卷,笔者选择了 40 家左右的企业进行了预测试,选择的企业主要为同济大学 EMBA/MBA 相关学员所在的科技型企业以及上海漕河泾高新区、上海张江高新区、合肥高新区的相关高新技术企业和上市公司,参与预测试的答卷者均是企业中高级管理人员与研发人员,最终形成有效问卷31份。根据预测试结果的反馈,对量表信效度进行初步检验,并根据结果对问卷做进一步的完善,最终确定了用于大规模问卷调查的量表。

5.1.2　问卷的基本结构

本书的调查问卷设计主要涉及以下部分内容(参见附录):(1)答卷者个人基本信息;(2)公司基本情况:所有制、员工人数、公司年限、所属行业、公司名称等;(3)企业网络中心性及其与联盟网络中合作创新伙伴的关系;(4)企业间知识异质度;(5)联盟治理机制;(6)企业创新绩效。

5.1.3　问卷防偏措施

由于本书问卷的答案主要建立在答卷者的主观评价之上,因此或许会导致数据结果的偏差问题。一般认为,答卷者可能对问卷调查题项做出非准确回答的四大原因包括:(1)答卷者不知道问题答案;(2)答卷者记不清或记不起问题答案;(3)虽然知道问题答案,但答卷者不愿意回答;(4)答卷者不理解问题的含义。

为了尽最大可能避免本次问卷调查出现上述问题而带来负面影响,本书在问卷调查的方法设置上采取了一定措施:(1)广泛听取企业界和学术界专家的意见,对问卷措词进行反复修改,尽量排除因题项难以理解或表述不清而造成的负面影响;(2)尽量选择制造业中高层领导干部或者熟悉企业研发和战略的相关人员作为答卷者;(3)量表中题项的设计尽量针对企业现状或者是最近两三年的总体情况;(4)避免使用需要答卷者依赖记忆才能回答的问题,不要求答卷者追溯已经发生的往事;(5)承诺所有信息均用于学术研究,不会用于商业用途,并承诺将及时以邮件形式将研究成果反馈给对本书感兴趣的答卷者。

5.2 样本选择与数据收集

5.2.1 样本选择

本书主要选取电子通信、机械与仪器、生物制药、汽车制造以及航空航天等高新技术行业企业作为样本,样本满足三个要求:(1)进行产品制造活动;(2)进行一定的产品开发或工艺开发活动;(3)企业近年来拥有多个合作创新伙伴联盟。最终,问卷发放的区域选择上海、江苏、浙江、广东 4 个发达省市,以降低因不同区域经济发展水平差异产生的影响。

5.2.2　数据收集

本书问卷数据的获得除采取纸质问卷发放外,主要采取网络调研的方式,以有偿方式在专业调研机构"问卷星"网站(http://www.wjx.com)制作并发放电子问卷。问卷发放的对象选择熟悉公司战略、研发以及整体经营,具有3年以上工作经验的中高层管理人员,以保证问卷内容的准确性。主要有三种发放方式:(1)通过调研"问卷星"企业样本库资源,共发放 500 份问卷,回收 343 份,有效问卷 208份;(2)项目组成员通过电话、Email、微信、QQ 等方式发送电子版问卷或链接给答卷者填写,共发放问卷 168 份,回收130 份,有效问卷 61 份;(3)向××大学××教授与××副教授的 EMBA/MBA 学员发放纸质问卷 135 份,回收 135份,有效问卷 53 份。

问卷发放从 2021 年 3 月开始至 2021 年 6 月结束,历时 4 个月。本研究共向样本企业发放问卷 803 份,回收608 份。由于问卷内容较多,少数问卷信息缺失较多,笔者及项目组成员采用较为严格的剔除程序,最终得到有效问卷 322 份。因此,本次调查问卷的回收率为 75.7%,有效率为 52.9%。样本发放与回收情况见表 5.1。

表 5.1　问卷发放与回收统计

问卷发放与回收方式	发放问卷数	回收问卷数	回收率	有效数量	有效率
"问卷星"网站发放	500	343	68.6%	208	60.6%
项目组成员发放	168	130	77.4%	61	46.9%
EMBA/MBA 学员发放	135	135	100%	53	39.3%
合计	803	608	75.7%	322	52.9%

注:回收率＝回收问卷数/发放问卷总数;有效率＝有效问卷数/回收问卷数

关于不同来源问卷数据一致性检验的问题,采用了统计分析方法的单因素方差分析法,将不同来源渠道设置为变量"channel",将三种来源的问卷数据分别赋值,其中 EMBA/MBA 来源问卷赋值为 1,"问卷星"网络来源问卷赋值为 2,项目组成员发放问卷赋值为 3,使用 SPSS 软件进行了针对变量"channel"的单因素方差分析,检验了不同来源渠道问卷数据的一致性问题,检验结果见表 5.2。

表 5.2　渠道来源对各变量的方差分析结果

		平方和	df	平均值平方	F	显著性
探索式创新	群组之间	82.354	2	41.177	23.842	.011
	群组之内	550.946	319	1.727	—	—
	总计	633.301	321	—	—	—

续　表

		平方和	df	平均值平方	F	显著性
利用式创新	群组之间	10.232	2	5.116	6.961	.001
	在群组内	234.468	319	.735	—	—
	总计	244.700	321	—	—	—
企业间知识异质度	群组之间	13.156	2	6.578	2.924	.055
	在群组内	717.723	319	2.250	—	—
	总计	730.880	321	—	—	—
网络中心性	群组之间	27.746	2	13.873	18.871	.000
	在群组内	234.513	319	.735	—	—
	总计	262.260	321	—	—	—
关系强度	群组之间	10.966	2	5.483	6.181	.002
	在群组内	282.965	319	.887	—	—
	总计	293.931	321	—	—	—
关系质量	群组之间	25.484	2	12.742	16.149	.025
	在群组内	251.706	319	.789	—	—
	总计	277.190	321	—	—	—
契约治理	群组之间	6.904	2	3.452	4.101	.057
	在群组内	268.488	319	.842	—	—
	总计	275.391	321	—	—	—
信任治理	群组之间	21.064	2	10.532	19.538	.068
	在群组内	171.965	319	.539	—	—
	总计	193.030	321	—	—	—

		平方和	df	平均值平方	F	显著性
市场环境	群组之间	3.265	2	1.632	2.000	.137
	在群组内	260.318	319	.816	—	—
	总计	263.583	321	—	—	—
技术环境	群组之间	6.882	2	3.441	4.437	.013
	在群组内	247.387	319	.776	—	—
	总计	254.269	321	—	—	—

由各变量显著性检验结果分析可知,不同来源渠道的问卷数据对各变量之间关系的研究结果造成的影响可以忽略不计。

5.2.3　样本描述

表5.3反映了样本回收的基本特征,从企业所在行业来看,以电子通信行业最多,占样本总数的52%;从企业员工人数来看,样本企业覆盖了从几十人到上千人的企业,但人员规模在1000人以下的企业占样本总数的85%左右;从企业成立时间来看,成立大于10年的企业占70%以上;从企业近3年平均销售额来看,1亿~5亿元的企业占55%左右;从企业性质来看,民营企业较多,占56%左右。

表 5.3　企业样本基本特征分布统计

指标	类别	样本数(个)	百分比(%)
行业类别	电子通信	169	52.5%
	机械与仪器	59	18.3%
	生物制药	32	10.0%
	汽车及零部件制造	21	6.5%
	其他行业	41	12.7%
企业员工数	100 人以下	52	16.1%
	101～500 人	167	51.9%
	501～1000 人	56	17.4%
	1001～5000 人	33	10.2%
	大于 5000 人	14	4.4%
企业年限	小于 3 年(不包含 3 年)	9	2.8%
	3～5 年	19	5.9%
	6～10 年	61	18.9%
	11～15 年	85	26.4%
	大于 15 年	148	46.0%
企业近 3 年销售额均值	1 亿元以下	53	16.5%
	1 亿～5 亿元	179	55.6%
	6 亿～10 亿元	31	9.6%
	11 亿～30 亿元	22	6.8%
	31 亿～60 亿元	10	3.1%
	60 亿～100 亿元	8	2.5%
	100 亿元以上	19	5.9%

指标	类别	样本数(个)	百分比(%)
企业所有制	国有或国有控股	35	10.9%
	民营企业	182	56.5%
	外商独资	54	16.7%
	中外合资	51	15.8%

5.3　变量测量

5.3.1　因变量

企业技术创新与产品创新的过程复杂多样,国内外目前尚未形成关于创新绩效公认的测量标准,学者们运用不同指标对企业创新绩效进行了度量。一部分学者用单一指标来表征企业技术创新活动的效果,例如用新产品数量或新产品销售额来度量企业创新绩效(Katila&Ahuja,2002;Grimpe &Sofka,2009)。另一部分学者认为,多指标比单一指标更能全面、准确地度量企业创新绩效。Hagedoorn和 Cloodt(2003)采用 R&D 投入、申请的专利数、引用的专利数和新产品发布来度量企业创新绩效;Bell(2005)以引进新技术、新服务和采用新技术为测度指标来度量集群企业的创新绩效。

本书对两类不同的创新类型——探索式创新与利用式

创新进行细分之后,将之作为本书的两个自变量分别进行研究。本书参考了 Jansen(2006)、Lubatkin 等(2006),李忆、司有何(2008),王凤彬、陈建勋(2011)的量表,采用以下题项分别测量探索式创新与利用式创新(见表 5.4)。本书要求答卷者与同行业平均水平进行比较,以此来判断本企业的探索式与利用式创新绩效。其中,"1"代表"非常低","7"代表"非常高"。

表 5.4　探索式创新与利用式创新量表

探索式创新测量题项
1)经常尝试运用尚不成熟、有一定风险的新技术/技能
2)经常尝试在一些全新的领域进行技术开发
3)经常尝试同行业其他公司没有采用过的经营战略/战术
利用式创新测量题项
1) 经常对已有的技术/技能进行改良,以适应市场需要
2) 努力提高已有的技术/技能在多个相关业务领域的适用性
探索式创新测量题项
3) 经常利用已有的技术/技能来增加产品/服务的功能和种类
4) 经常对公司积累的业务经验进行提炼,并应用于当前业务中

资料来源:Jansen(2006)、Lubatkin 等(2006),李忆、司有何(2008),王凤彬、陈建勋(2011)

注:评分类别 1、2、3、4、5、6、7,下同

5.3.2　自变量

根据 Powell 等(1996),Giuliani、Bell(2005)、彭新敏

(2009)以及罗家德(2010)关于网络中心位置、网络中心性的测量量表,本书采用 5 个题项测量企业网络中心性(见表5.5)。本书要求答卷者根据企业在联盟合作创新网络中的位置情况,判断企业的网络中心性。其中,"1"代表"完全不符合","7"代表"完全符合"。

表 5.5　企业网络中心性量表

测量题项
1) 发生创新联系时,更多的联系经过我们公司
2) 我们能够使用合作创新伙伴的创新资源解决公司面临的新问题
3) 其他企业能够较容易地与本企业建立联系
4) 公司在合作创新网络中贡献了更加丰富的知识
5) 公司在合作创新中有重要地位

资料来源:Powell 等(1996),Giuliani、Bell(2005)、彭新敏(2009)、罗家德(2010)

5.3.3　中介变量

本书的中介变量为企业间知识异质度。

网络合作创新环境下,企业的创新知识不仅来源于内部的知识积累,而且还可以从外部环境中获取。因此,企业的知识异质度分为企业内部知识异质度和企业间知识异质度。内部知识异质度指的是企业内部知识结构多样化、差异化程度(Breschi et al. , 2003；Huang &Chen, 2010),是对企业技术开发可能的探索范围、广度的度量(Argyres,

1996）；企业间知识异质度一般被认为是联盟合作创新伙伴在技术知识分布特征上与创新主体的差异程度（Oerlemans et al.，2013）。Phelps(2010)将网络技术异质度定义为企业所需要的技术知识与网络内伙伴企业以及核心企业之间的差异程度。

从目前的测量方法来看，国外学者较多采用专利数据的测量方法。企业间知识异质度的测量方法运用的比较成熟是 Sampson(2007)、Vasudeva 和 Anand(2011)的测度。此外，Rodan 和 Galunic(2004)还通过联盟网络内企业成员间的知识差异度矩阵计算企业间知识异质度。这种方法虽然很简便，但存在一定的缺陷。

第一，很多企业的默会性技术知识无法申请专利，或者有些企业为了保守商业秘密而不申请专利，但公司可能涉足这些技术知识领域(Silverman&Brian1999)。

第二，专利申请数据更多的是测量编码化的技术知识，而企业存在大量的隐性知识或技术，一项专利往往是运用多个技术领域知识的结果，企业可能只申请了少量的专利(Patel&Pavitt，1997)。

第三，采用专利数据的度量方法容易受到技术领域分类标准的影响，不同的分类可能得出不同的结果(Breschi et al.，2003)。

第四，专利数据主要反映了企业创新的成果，无法体现技术引进、技术购买或技术许可、专家比率等信息，也不能反映那些不具备新颖性或原创性的技术活动的情况（Palmberg & Martikainen，2006）。

第五，结合中国本土化情景，现阶段中国企业的专利申请意识不是非常高，利用专利申请数据测量中国企业的知识异质度，其结论必然有失偏颇，容易得出中国企业知识异质程度普遍偏低的结论，可能不太符合中国企业的真实情况。

由于上述原因，本书在项目组成员的合作研究下，尝试开发问卷量表度量企业间知识异质度。Nieto 和 Quevedo（2005）也认为调查问卷能够更广泛和准确地掌握企业的技术知识信息。测量企业间知识异质度的量表应该考虑知识的领域和异质性两个方面。结合 Granstrand（1998），Rodan、Galunic（2004），Nieto、Quevedo（2005），Tsai、Hsu（2014）的研究成果以及访谈结果，本书采用 5 个题项来衡量企业间知识异质度（见表 5.6）。本书要求答卷者根据企业近 3 年的实际情况填写，判断本企业与联盟合作创新企业间的技术知识差异程度。其中，"1"代表"完全不符合"，"7"代表"完全符合"。

表 5.6　企业间知识异质度量表

测量题项
1）彼此间涉及的技术知识领域差别较大
2）彼此间技术投资领域差别较大
3）彼此间技术员工专业背景差别较大
4）彼此间生产流程以及工艺差别较大
5）彼此间专利申请门类差别较大

资料来源：Granstrand（1998），Nieto、Quevedo（2005），Rodan、Galunic（2004），Tsai、Hsu（2014）

5.3.4　调节变量

（1）关系强度

根据潘松挺、蔡宁（2010），Eisingerich 等（2010）以及谢洪明等（2012）的研究测量量表，本书采用 3 个题项测量关系强度（见表 5.7）。本书要求答卷者根据企业近 3 年的实际情况填写，判断公司与联盟合作创新伙伴之间的关系强度。其中，"1"代表"完全不符合"，"7"代表"完全符合"。

表 5.7　关系强度量表

测量题项
1）与合作伙伴彼此接触程度密切
2）合作中，我们投入了大量人财物资源
3）与合作伙伴之间的合作交流范围较广

参考文献：潘松挺、蔡宁（2010），Eisingerich 等（2010）、谢洪明等（2012）

（2）关系质量

根据 Zaheer 等（1998）、YliRenko 等（2001）、Dhanaraj 等（2004）以及吴小冰（2009）的相关研究，本书采用 3 个题项测量关系质量（见表 5.8）。本书要求答卷者根据企业近 3 年的实际情况填写，判断公司与联盟合作创新伙伴之间的关系质量。其中，"1"代表"完全不符合"，"7"代表"完全符合"。

表 5.8　关系质量量表

测量题项
1）彼此不会提出可能给对方利益造成严重损害的要求
2）彼此不会有投机取巧行为
3）彼此总会遵守承诺

资料来源：Zaheer 等（1998）、YliRenko 等（2001）、Dhanaraj 等（2004）、吴小冰（2009）

（3）联盟治理机制—信任治理机制与契约治理机制

根据 Jap、Ganesan（2000），Lui、Ngo（2004）以及黄俊等（2012）的相关研究，本书分别采用 4 个题项测量信任治理机制与 3 个题项测量契约治理机制（见表 5.9）。本书要求答卷者根据企业近 3 年的实际情况填写，判断企业所采用的联盟网络治理机制情况。其中，"1"代表"完全不符合"，"7"代表"完全符合"。

表 5.9 信任治理机制与契约治理机制量表

信任治理机制测量题项
1）我们的合作伙伴是可以相信的
2）我们的合作伙伴总是信守承诺
3）我们相信合作伙伴的能力
4）我们的合作伙伴在没有监测的情况下努力完成任务
契约治理机制测量题项
1）详细的契约是保证合作创新成功的最好办法
2）契约是管理合作创新企业最好的途径
3）合作创新双方都想把合作的细节写在契约合同中

文献来源：Jap、Ganesan(2000)，Lui、Ngo(2004)，黄俊等(2012)

5.3.5 控制变量

遵循现有研究惯例，本书选取了企业规模、企业年龄、所属行业、技术环境 4 个控制变量。这些变量虽然不是本书关注的重点，但是对企业网络位置、企业间知识异质度和企业创新绩效可能产生影响，因此必须在回归模型中进行控制。

（1）企业规模：本书认为企业规模意味着企业所处的市场地位和联盟网络的位置、投入的研发资金、对不确定性环境的适应能力，以及进行新产品、新工艺开发的能力，是影响企业研发行为和创新绩效的重要组织特征。本书采用企业员工人数进行测量，其中"1"代表"低于 100 人"，"2"代表

"100～500 人"，"3"代表"501～1000 人"，"4"代表"1001～000 人"，"5"代表"高于 5000 人"。要求答卷者根据企业真实情况填写。

（2）企业年限：本书认为企业存续年限在一定程度上反映了企业进行研发活动的经验、创新水平和联盟治理水平。其测量一般就是指从企业成立之时到调查时的年份数。本书企业年龄的度量为 2021 减去企业创立的时间，其中"1"代表"低于 3 年（不包括 3 年）"，"2"代表"3～5 年"，"3"代表"6～10 年"，"4"代表"11～15 年"，"5"代表"高于 15 年"。要求答卷者根据企业真实情况填写。

（3）所属行业：不论企业生产运作拥有的技术的高低，行业同样影响公司新产品和新服务的产出。由于本书样本中 52％左右的企业均属于电子通信行业，因此在实际操作中将所属行业设置为虚拟变量，其中电子通信行业赋值为1，其余行业均赋值为 0。

（4）市场环境：根据市场环境的不确定性对企业创新绩效的影响研究，本书认为市场环境的动荡影响企业战略规划以及联盟合作创新的状况，进而影响企业创新绩效。因此，本书选取市场环境作为控制变量，并参照杨智等（2010）的研究量表对市场环境不确定性进行测量（见表 5.10）。本书要求答卷者根据企业近 3 年的实际情况填写，评价公司近 3 年来所处市场环境的变动情况。其中，"1"代表"完全不符合"，"7"代表"完全符合"。

表 5.10　市场环境不确定性量表

测量题项
1）客户对产品和服务不断提出新的要求
2）公司所面临的市场环境不停的改变
3）客户对产品/服务的数量和交货期的要求经常变化

文献来源：杨智等（2010）

5.4　分析方法

本书使用的分析方法主要包括信度与效度分析、结构方程模型分析和层级回归分析，所使用的统计分析软件为SPSS19.0 和 Amos17.0。

5.4.1　信度分析

探索式因子分析（exploratary factor analysis）是在量表开发上经常使用的一种方法，当对量表的内部结构缺乏清楚的理论预期或者第一次使用相关测量指标时，由于无法确切判断测量指标能否代表所测量的内容，通常会将所有的指标一起测量，并将其得分进行因子分析，再由所得到的因子负荷值来判断构念效度的好坏。验证性因子分析（confirmatory factor analysis）则是在研究者对构念和测量指标的关系有了清楚的预期后使用的,通过观察测量指标与假设模型的契合程度来推断测量结构。如果不是在发展新量表,就应该选择验证性因子分析程序来检验。

信度(reliability)是反映因子内部同质性程度以及测量结果受到随机误差影响的指标,表现为测量结果的一贯性、一致性和稳定性。信度可靠表示数据可用性,是进行效度分析和其他进一步分析的基础。

(1)克朗巴哈系数(Cronbach's α)。Cronbach's α 是指运用量表所有可能的项目划分方法得到的折半信度系数的平均值,用于测量指标内部一致性程度以及每个指标所属变量的系统变异。α 系数越高表示该变量系统性越强,α系数越大表示条目间相关性越好。一般而言,Cronbach's α 值>0.6 即可接受,Cronbach's α 值≥0.7 说明信度较好,Cronbach's α ≥ 0.8 则说明信度非常好(Fornell&Larcker,1981)。

(2)组合信度(composite reliability,CR)。CR 允许误差之间相关且不相等,还允许潜在变量对各测量题项的影响不同,从而有效避免使用 α 系数时要求潜在变量对各题项影响相等的不符实际的假设,故 CR 比 α 系数更为准确(陈敏,2009)。Bagozzi 和 Yi(1988)也建议使用 CR 来评价量表的同质性。一般认为,CR≥0.5 即表示潜在变量各题项间具有一致性。

5.4.2 效度分析

效度(validity)即有效性,是指量表能否测量到所要测量的潜在概念(陈晓萍等,2012)。测量指标与所测潜变量之间内容越吻合,则效度越高;反之,则效度越低。信度是效度的必要而非充分条件,效度高则信度也高,信度高其效度未必高。效度主要分为内容效度与构建效度(李怀祖,2004)。

(1)内容效度

内容效度是指测量内容在多大程度上反映或代表研究者所要测量的构念(陈晓萍等,2012)。其判断方法为:测量工具是否可以真正测量所研究的变量;测量工具是否涵盖所研究的变量的范围。本书问卷是在文献综述、访谈、专家评判以及预试等研究的基础上形成的。研究的测量量表主要采集于以往经典文献的成熟量表,经过双语研究者的对比翻译,对量表措辞进行修改,力求清晰明确、简洁易懂。对于个别无现成题项的量表,则根据其理论含义反复比较并与 4 位相关领域专家学者访谈之后进行设计,形成测量题项调整的基础。进而通过与 30 名企业管理者的小规模访谈、问卷预测试等环节对量表题项及结构进一步修正和完善,形成正式问卷。因此,问卷量表具有较好的内容效度。

（2）构建效度

构建效度（construct validity）是测量结构与所研究的潜变量之间的一致性程度，即测量题项在多大程度上验证了潜变量的理论结构。构建效度一般通过聚合效度、区分效度来检验。

①聚合效度（convergent validity）。聚合效度是指同一潜变量的测量题项的聚合或收敛程度，即各题项之间的同质性。聚合效度可用如下方法评价：该潜变量所有题项的因子载荷 $\geqslant 0.7$，且达到显著水平（t 值 > 1.98）（Iglesias&Va′zquez，2001）。平均方差提取值（average variance extracted，AVE）是比较正式的聚合效度检验指标。AVE 越大，聚合效度越高；当 AVE>0.5 时，量表的聚合效度可以接受。

②区分效度（discriminant validity）。区分效度反映不同潜变量测量题项的差异程度，表示变量间不相关程度。如果一个变量各题项与其他变量之间的相关程度低，说明区分效度好。区分效度可用如下方法评价：所有构念之间的 AVE 平方根值均大于其对应行和列的相关系数矩。"配对检验"，即两个构念的两因子测量模型拟合性显著高于单因子测量模型拟合性时，这两个构念具有足够的区分效度。严格的"配对检验"需要对所有变量进行两两配对，以往文献中常常采用的方法是对相关系数较高的变量或在构

念上具有关联性的变量做"配对检验"(Yuan&Woodman，2010；Zhang&Bartol，2010)。

5.4.3　结构方程模型分析

结构方程模型分析是基于变量的协方差矩阵，分析变量之间关系的一种统计方法。结构方程模型的优势主要在于能够同时估计多个自变量与多个因变量之间的关系，在估计时考虑变量的测量误差，能够提高估计的精度。

本书采用 Anderson 和 Gerbing(1988)所建议的二阶段分析策略，先使用验证性因子分析检验测量模型的拟合性，然后再进行模型拟合与假设检验。评价测量模型和结构模型拟合性的拟合指数众多，本书使用以往实证研究常用的拟合指数：χ^2、df、CFI、TLI、IFI、RMSEA。

(1)χ^2 为绝对拟合指数(又称卡方指数)，χ^2 值如果不显著，则表明模型拟合程度好。由于 χ^2 值对样本大小非常敏感，样本量越大时 χ^2 越容易显著，因此实证研究中常参考卡方指数与自由度(df)的比值，即 χ^2/df。当 $\chi^2/df<2$时，认为模型拟合非常好；当 $2<\chi^2/df<3$ 时，模型拟合可接受(陈晓萍等，2008)。

(2)CFI(comparative fit index)、TLI(Tucker-Lewis index)为比较拟合指数，其值不易受样本量影响，是较为理想的比较拟合指标。CFI 和 TLI 的值越大，越接近于 1，表示模型的拟合性越好。一般认为 CFI 和 TLI＞0.9 时,表示模型的拟合性可以接受;CFI 和 TLI＞0.95 时,表示模型的拟合性相当好(侯杰泰等,2004;陈晓萍等,2012)。

（3）RMSEA(root mean square error of approximation)为近似误差均方根,是常用的较好的绝对拟合指数,其值越低越好。RMSEA＜0.05 时,表示非常好的模型拟合结果;0.05＜RMSEA＜0.08 时,表示可以接受的模型拟合结果;0.08＜RMSEA＜0.1 时,表示拟合结果一般(陈晓萍等,2012)。

（4）IFI(incremental fit index)为增值适配指数,是将待检验的假设模型与基准线模型的适配度相比较,以判别假设模型的契合度,其值大多介于 0～1。

5.4.4　层次回归分析

在文献中,经常会见到层次回归分析（hierarchical regression)。在回归分析中,最常见的就是进入法。进入法是将所有预测变量全部放入,不涉及变量筛选,为默认选项。前进法或者向后法则是按照一定的规则逐步加入变量,由系统自动进行。比如,预测变量有 a、b、c、d 4 个,先分别拟合 4 个变量的 4 个简单模型,假如均没有显著,则程序终止。假如均有显著,将其中 p 值最小的变量（假如为 a)纳入模型,分别有 3 个模型:$a+b$、$a+c$、$a+d$;假如 b、

c、d 均没有显著,则程序终止。假如 b、c、d 有统计学意义,则选择具有统计学意义 p 值最小的变量纳入模型(假如为 b),分别有两个模型:$a+b+c$、$a+b+d$。如此反复,直至模型外的自变量均无统计学意义,模型内的自变量均有统计学意义。

进入法与前进法的主要区别是,在模型中加入变量之后不仅对新加入的变量进行检验,同时也对新模型中的原始变量进行检验。例如,上例 $a+b$、$a+c$、$a+d$ 同时也对 a 进行检验,如果无统计学意义,也将 a 剔除出模型。

层次回归其实是建立在之前的回归分析方法之上的,层次回归可以使用所有的回归方法,相当于对每层的变量进行单独分析,找出差异性。其基本思想是将感兴趣的变量放在最后一步进入模型,以考察在排除了其他变量的贡献的情况下,该变量对回归方程的贡献。如果变量仍然有明显的贡献,则可以做出该变量确实具有其他变量所不能替代的独特作用的结论。这种方法主要用于自变量之间有较高的相关,其中某一个自变量的独特贡献难以确定的情况。

层次回归分析使研究者能够基于变量的因果关系设定变量进入回归模型的顺序,从而直观地反映新进入变量解释因变量的贡献程度。由于本书在变量测量上采用的是多个题项进行测度的方式,因此在分析过程中取题项均值作为变量的值。

　　在进行调节效应分析时,由于自变量和调节变量往往与它们的乘积项高度相关,因此在生成交互项时,对连续型的自变量和调节变量进行标准化处理,以消除多重共线性带来的影响。在分析过程中,根据交互项的显著程度以及 R 变化的显著性程度(F 值)来分析曲线效应、调节效应模型的显著程度。

第 6 章 实证研究结果

本章完整地报告四个子研究的信度和效度分析、三大回归问题、同源方法方差检验、描述性统计与相关系数、统计分析结果以及简要讨论。

6.1 信度、效度、共同方差偏差检验结果

(1)信度、效度检验

本书包含了子研究 1、2、3、4 所需要测量的变量题项的信度和效度(见表 6.1)。由于本书大部分量表题项来自西方文献的成熟量表,先用 SPSS 软件对各题项进行了筛选净化,CITC[①] 值>0.5;再进一步进行信度效度的测量,可以看出,所有变量的 Cronbach α 值>0.7,表明信度通过检验;各题项的因子负荷值>0.5,CR>0.6,AVE>0.5,即满足聚合效度。通过验证性因子分析发现,所有变量的 CFI、IFI、TLI>0.9,RMSEA<0.08,表明效度满足要求。

----

① CITC 值是衡量问卷题项与所测量变量总体相关性的一个指标

检验结果证明所有变量均满足信度和效度的要求。

表 6.1　本书的构念测量、信度与效度

构念与测量条目	CITC 检验	因子载荷	信度与效度系数
探索式创新(α=0.889；CR=0.859；AVE=0.670)；χ^2=544.007；df=3	—	—	—
1)经常尝试运用尚不成熟、有一定风险的新技术/技能	0.777	0.813	$p<0.01$；CFI=0.985
2)经常尝试在一些全新的领域进行技术开发	0.784	0.820	TLI=0.975；IFI=0.985
3)经常尝试同行业其他公司没有采用过的经营战略/战术	0.787	0.822	RMSEA=0.072
利用式创新(α=0.842；CR=0.894；AVE=0.678)；χ^2=543.875；df=6	—	—	—
1)经常对已有的技术/技能进行改良,以适应市场需要	0.696	0.838	$p<0.01$
2)努力提高已有的技术/技能在多个相关业务领域的适用性	0.648	0.803	CFI=0.985
3)经常利用已有的技术/技能来增加产品/服务的功能和种类	0.700	0.840	TLI=0.975；IFI=0.985
4)经常对公司积累的业务经验进行提炼,并应用于当前业务中	0.660	0.813	RMSEA=0.072
企业间知识异质度(α=0.925；CR=0.880；AVE=0.610)；χ^2=1203.182；df=10	—	—	—
1)彼此间涉及的技术知识领域差别较大	0.807	0.774	$p<0.01$
2)彼此间技术投资领域差别较大	0.794	0.758	CFI=0.995
3)彼此间技术员工专业背景差别较大	0.779	0.737	TLI=0.994

续　表

构念与测量条目	CITC检验	因子载荷	信度与效度系数
4）彼此间生产流程以及工艺差别较大	0.812	0.778	IFI=0.996
5）彼此间专利申请门类差别较大	0.833	0.806	RMSEA=0.032
网络中心性（α=0.867；CR=0.904；AVE=0.653）；χ^2=758.983；df=10	—	—	—
1）发生创新联系时，更多的联系经过我们公司	0.690	0.809	$p<0.01$
2）我们能够使用合作创新伙伴的创新资源解决公司面临的新问题	0.620	0.753	CFI=0.959
3）其他企业能够较容易地与本企业建立联系	0.697	0.841	TLI=0.949
4）公司在合作创新网络中贡献了更加丰富的知识	0.740	0.845	IFI=0.960
5）公司在合作创新中有重要地位	0.704	0.818	RMSEA=0.076
关系强度（α=0.847；CR=0.810；AVE=0.590）；χ^2=405.22；df=3	—	—	—
1）与合作伙伴彼此接触程度密切	0.687	0.737	$p<0.01$；CFI=0.993
2）合作中我们投入了大量人财物资源	0.724	0.773	TLI=0.989；IFI=0.993
3）与合作伙伴之间的合作交流范围较广	0.735	0.786	RMSEA=0.035
关系质量（α=0.823；CR=0.829；AVE=0.618）；χ^2=357.4；df=3	—	—	—
1）彼此不会提出可能给对方利益造成严重损害的要求	0.661	0.719	$p<0.01$；CFI=0.976

续　表

构念与测量条目	CITC 检验	因子 载荷	信度与效度 系数
2)彼此不会有投机取巧行为	0.738	0.798	TLI＝0.961； IFI＝0.976
3)彼此总会遵守承诺	0.642	0.837	RMSEA＝0.035
信任治理机制（α＝0.831；CR＝0.887； AVE＝0.66）；χ^2＝466.615； df＝6	—	—	—
1)我们的合作伙伴总是可以相信的	0.630	0.834	$p<0.01$； CFI＝0.94
2)我们的合作伙伴总是遵守承诺	0.619	0.799	TLI＝0.92
3)我们相信合作伙伴的能力	0.687	0.836	IFI＝0.94
4)我们的合作伙伴在没有监测的情况下努力完成任务	0.624	0.788	RMSEA＝0.078
契约治理机制（α＝0.864；CR＝0.846； AVE＝0.647）；χ^2＝458.125； df＝3	—	—	—
1)详细的契约是保证合作创新成功的最好办法	0.754	0.800	$p<0.01$； CFI＝0.94
2)契约是管理合作创新企业最好的途径	0.758	0.805	TLI＝0.92； IFI＝0.94
3)合作创新双方都想把合作的细节都写在契约合同中	0.711	0.755	RMSEA＝0.078
市场不确定性（α＝0.713；CR＝0.840； AVE＝0.639）；χ^2＝183.494； df＝3	—	—	—
1)客户对产品和服务不断提出新的要求	0.514	0.786	$p<0.01$； CFI＝0.94
2)公司所面临的市场环境不停的改变	0.572	0.830	TLI＝0.98； IFI＝0.98

续　表

构念与测量条目	CITC检验	因子载荷	信度与效度系数
3)客户对产品/服务的数量和交货期的要求经常变化	0.508	0.775	RMSEA＝0.08
技术不确定性($\alpha=0.891$；CR＝0.928；AVE＝0.764)；$\chi^2=203.835$；$df=6$	—	—	—
1)本行业技术变化迅速	0.713	0.940	$p<0.01$；CFI＝0.996
2)本行业技术退化严重	0.739	0.820	TLI＝0.99
3)预测本行业3年后的技术变化较困难	0.727	0.880	IFI＝0.99
4)技术变化为本行业提供了很大的机会	0.708	0.850	RMSEA＝0.073

（2）共同方法偏差检验

由于调查问卷关键变量的测量都由同一人员填答，可能存在共同方法偏差问题。接下来将采用验证性因子分析检验法进行共同方法偏差的检验（叶江峰等，2021）。先将所有题项归并为一个因子，然后进行验证性因子分析，发现模型的匹配结果非常不理想（见表6.2～表6.5单因子模型）。这些验证结果表明，本书所包含的四个子研究不存在显著的共同方法偏差问题。具体检验结果数据阐释如下。

将子研究1中四因子模型与其他模型进行对比，结果显示四因子模型吻合较好（$\chi^2=128.6$；$p<0.01$；TLI＝0.978；CFI＝0.981；RMSEA＝0.040），而且这一模型要显著优于其他因子模型的拟合优度（见表6.2），表明子研究1具有较

好的区分效度,不存在显著的共同方法偏差问题。

表 6.2　子研究 1 变量的区分效度检验结果

模型	χ^2	df	TLI	CFI	RMSEA
四因子模型	128.6	82	0.978	0.981	0.040
三因子模型 1:关系强度＋关系质量	215.1	85	0.934	0.941	0.076
三因子模型 2:网络中心性＋关系强度	219.3	85	0.932	0.939	0.077
三因子模型 3:网络中心性＋关系质量	309.7	85	0.868	0.889	0.104
二因子模型 4:网络中心性＋关系质量＋关系强度	410.5	87	0.828	0.857	0.121
单因子模型:网络中心性＋关系强度＋关系质量＋企业间知识异质度	1069.2	90	0.511	0.598	0.210

将子研究 2 中三因子模型与其他模型进行对比,结果显示三因子模型吻合较好($\chi^2=118.23$;$p<0.01$;CFI=0.982;TLI=0.986;RMSEA=0.036),而且这一模型要显著优于其他因子模型的拟合优度(见表 6.3),表明子研究 2 具有较好的区分效度,不存在显著的共同方法偏差问题。

表 6.3　子研究 2 变量的区分效度检验结果

模型	χ^2	df	TLI	CFI	RMSEA
三因子模型	118.23	85	0.982	0.986	0.036
二因子模型:企业间知识异质度＋探索式创新	388.12	87	0.813	0.854	0.121
单因子模型:企业间知识异质度＋探索式创新＋利用式创新	1068.5	90	0.512	0.598	0.204

将子研究 3 中五因子模型与其他模型进行对比,结果显示五因子模型吻合较好($\chi^2 = 293.412$;$p < 0.01$;TLI $= 0.972$;CFI $= 0.978$;RMSEA $= 0.039$),而且这一模型要显著优于其他因子模型的拟合优度(见表 6.4),表明子研究 3 具有较好的区分效度,不存在显著的共同方法偏差问题。

表 6.4 子研究 3 变量的区分效度检验结果

模型	χ^2	df	TLI	CFI	RMSEA
五因子模型	293.412	197	0.972	0.978	0.039
四因子模型 1:信任治理机制 + 契约治理机制	569.721	201	0.873	0.889	0.082
四因子模型 2:企业间知识异质度 + 信任治理机制	509.366	201	0.871	0.876	0.089
四因子模型 3:企业间知识异质度 + 契约治理机制	737.823	201	0.816	0.835	0.104
三因子模型 4:企业间知识异质度 + 信任治理机制 + 契约治理机制	787.344	204	0.788	0.801	0.110
三因子模型 5:企业间知识异质度 + 探索式创新 + 利用式创新	1013.455	204	0.726	0.745	0.121
二因子模型 6:企业间知识异质度 + 信任治理机制 + 契约治理机制 + 探索式创新	1187.233	206	0.668	0.701	0.129
单因子模型:企业间知识异质度 + 信任治理机制 + 契约治理机制 + 探索式创新 + 利用式创新	1721.767	208	0.501	0.532	0.156

将子研究 4 中四因子模型与其他模型进行对比,结果显示四因子模型吻合较好($\chi^2 = 121.3$;$p < 0.01$;TLI $=$

0.958；CFI＝0.962；RMSEA＝0.041），而且这一模型要
显著优于其他因子模型的拟合优度（见表 6.5），表明子研
究 4 具有较好的区分效度，不存在显著的共同方法偏差
问题。

表 6.5　子研究 4 变量的区分效度检验结果

模型	χ^2	df	TLI	CFI	RMSEA
四因子模型	121.3	81	0.958	0.962	0.041
三因子模型 1：网络中心性＋企业间知识异质度	216.5	83	0.901	0.912	0.080
三因子模型 2：网络中心性＋探索式创新	217.3	83	0.821	0.830	0.079
三因子模型 3：网络中心性＋利用式创新	309.5	83	0.740	0.751	0.105
二因子模型 4：企业间知识异质度＋探索式创新＋利用式创新	407.9	86	0.722	0.725	0.132
单因子模型：网络中心性＋企业间知识异质度＋探索式创新＋利用式创新	1058.4	87	0.582	0.591	0.196

6.2　描述性统计分析与相关系数

各变量的均值、标准差、相关系数见表 6.6。其中，ERI
是探索式创新、EII 是利用式创新、NH 是企业间知识异质
度、NC 是网络中心性、NI 是关系强度、NQ 是关系质量、
CG 是契约治理机制、RG 是信任治理机制。

通过表 6.6 可以看出，各变量间的相关系数＜0.7，AVE 平方根值均大于因子间的相关系数，符合进一步实证的要求。

表 6.6　变量均值、标准差和相关系数

	ERI	EII	NH	NC	NI	NQ	CG	RG	ME
ERI	1.00	—	—	—	—	—	—	—	—
EII	.476**	1.00	—	—	—	—	—	—	—
NH	.394**	.203**	1.00	—	—	—	—	—	—
NC	.421**	.341**	.275**	1.00	—	—	—	—	—
NI	.522**	.583**	.249**	.476**	1.00	—	—	—	—
NQ	.446**	.494**	.277**	.473**	.529**	1.00	—	—	—
CG	.387**	.467**	.174**	.558**	.502**	.489**	1.00	—	—
RG	.490**	.608**	.172**	.403**	.562**	.423**	.530**	1.00	—
ME	.503**	.513**	.322**	.574**	.545**	.425**	.436**	.530**	1.00
均值	5.18	5.73	4.80	5.67	5.81	5.85	5.96	5.87	5.79
标准差	1.40	0.87	1.51	0.90	0.95	0.93	0.92	0.77	0.91
**. 相关性在 0.01 层上显著（双尾）									
b. 完全排除 N＝322									

从表 6.6 中还可以发现，网络中心性 NC($r=0.275$，$p<0.01$)与企业间知识异质度 NH 呈现显著的正向相关关系，关系强度 NI($r=0.249$，$p<0.01$)和关系质量 NQ($r=0.277$，$p<0.01$)与企业间知识异质度 NH 呈现显著的正

向相关关系。

网络中心性 NC(r=0.421,p<0.01)与探索式创新 ERI 之间呈现显著的正向相关关系,网络中心性 NC(r=0.341,p<0.01)与利用式创新 EII 之间呈现显著的正向相关关系。

企业间知识异质度 NH(r=0.394,p<0.01)与探索式创新 ERI 之间呈现显著的正向相关关系,企业间知识异质度 NH(r=0.203,p<0.01)与利用式创新 EII 之间呈现显著的正向相关关系。

信任治理机制 RG(r=0.490,p<0.01)与探索式创新 ERI 之间呈现显著的正向相关关系,信任治理机制 RG(r=0.608,p<0.01)与利用式创新 EII 之间呈现显著的正向相关关系;契约治理机制 CG(r=0.387,p<0.01)与探索式创新 ERI 之间呈现显著的正向相关关系,契约治理机制 CG(r=0.467,p<0.01)与利用式创新 EII 之间呈现显著的正向相关关系。

以上结果都初步支持了前文提出的相关假设,为后续进一步的实证研究做了铺垫。

6.3　网络中心性与企业间知识异质度的关系研究

6.3.1　层次回归分析

　　子研究 1 主要采用层次回归法进行假设验证。在构造交互项之前,对变量均进行了标准化处理,以降低可能的多重共线性影响。从表 6.7 中可以看出,各个模型的最大方差膨胀系数(variance inflation faetor,VIF)＜10,说明回归不存在显著的多重线性问题。

表 6.7　子研究 1 层级回归分析结果(因变量:企业间知识异质度)

	模型 1	模型 2	模型 3	模型 4	模型 5	模型 6
控制变量						
1.市场不确定性	−0.03*	−0.03*	−0.04*	−0.05*	−0.03*	−0.04*
2.企业规模	0.06	0.06	0.07	0.06	0.02	0.03
3.企业年限	0.48**	0.48**	0.5**	0.5**	0.51**	0.51**
4.所属行业	0.04	0.04	0.02	0.02	0.04	0.03
自变量						
5.网络中心性	—	0.21**	0.23**	0.27*	0.18**	0.20**
调节变量						
6.关系强度 0.17*	0.15*	—	—	—	—	—
7.关系质量	—	0.13*	0.15**	—	—	—

续　表

	模型 1	模型 2	模型 3	模型 4	模型 5	模型 6
交互项						
8.中心性*关系强度	0.22**	—	—	—	—	—
9.中心性*关系质量 0.23**	—	—	—	—	—	—
R^2	0.49	0.49	0.50	0.51	0.55	0.55
调整后的 R^2	0.48	0.48	0.49	0.49	0.53	0.54
F	33.58**	29.30**	31.91**	28.27**	37.74**	38.72**
最大 VIF	1.58	2.01	1.81	2.23	1.58	1.97

** $p < 0.01$，* $p < 0.05$

6.3.2　实证结果讨论

模型 1 包含了控制变量,模型 2 包含了控制变量和自变量网络中心性。回归结果发现,网络中心性正向影响企业间知识异质度($b=0.21$，$p<0.01$),该实证数据结果支持了假设 1。

模型 3 包含了控制变量、自变量网络中心性和调节变量关系强度,回归结果发现关系强度与企业间知识异质度具有正向相关关系($b=0.17$，$p<0.05$)。

模型 4 包含了控制变量、自变量网络中心性、调节变量关系强度以及它们的交互项,回归结果发现关系强度与网络中心性的交互项对企业间知识异质度具有显著的正向相关关系($b=0.22$，$p<0.01$),证明了关系强度对网络中心

性与企业间知识异质度关系的正向调节作用。

模型 3 和模型 4 的实证数据结果支持了假设 2。

模型 5 包含了控制变量、自变量网络中心性和调节变量关系质量,回归结果发现关系质量与企业间知识异质度具有正向相关关系($b=0.13$,$p<0.05$)。

模型 6 包含了控制变量、自变量网络中心性、调节变量关系质量以及它们的交互项,回归结果发现关系质量与网络中心性的交互项对企业间知识异质度具有显著的正向相关关系($b=0.23$,$p<0.01$),证明了关系强度对网络中心性与企业间知识异质度关系的正向调节作用。

模型 5 和模型 6 的实证数据结果支持了假设 3。

综上所述,子研究 1 的研究问题得到数据证实,即企业网络中心性对企业间知识异质度起到了正向影响的作用,而企业与联盟合作创新伙伴的关系强度与关系质量会正向调节网络中心性与企业的相关关系。在企业间知识转移的过程中,企业间的网络关系对于信息和知识交换的数量和质量至关重要;而保持一定的联结强度,能够保证企业网络中所需知识的有效转移与获取(谢洪明等,2012)。水平的关系质量能够提高信息和资源交换的效率(Chang et al.,2012)。关系质量反映了合作双方之间的信息共享、沟通质量、长期导向和满意度(Chen et al.,2010)。

良好的关系质量意味着各方共享的信息和技术资源越

充分,由此产生的特定关系记忆就越多。积极的关系质量能够促进合作企业之间的相互信任和依赖,同时为了信赖另一方企业,企业需要充分了解合作方的能力并确信其不会伤害本企业,进而缩短企业之间的心理距离和认知差距,对企业之间的特定关系记忆具有积极的促进作用(Chiang et al.,2014)。

为了实现更好的关系价值,基于亲密关系的关系质量之间的承诺能够提高知识源企业的开放性,能够促进企业提高特定外部数据库的更新水平(周杰,2014)。如果合作双方之间存在更好的关系质量,有利于减少知识传递和知识接收过程中的误解(马鸿佳等,2017)。

6.4　企业间知识异质度与探索式、利用式创新绩效关系研究

6.4.1　层次回归分析

子研究 2 关于企业间知识异质度与探索式、利用式创新绩效关系的研究主要采用层次回归法进行假设验证,回归方程结果见表 6.8。

表 6.8　子研究 2 层级回归分析结果(因变量:探索式、利用式创新绩效)

	模型 1	模型 2
控制变量		
1. 市场不确定	−0.03**	−0.03**
2. 企业规模	0.03	0.06
3. 企业年限	0.12	0.11
4. 所属行业	0.07	0.08
自变量		
5. 企业间知识异质度	0.26**	0.18*
R^2	0.47	0.48
调整后的 R^2	0.45	0.47
F	37.0**	33.5**
最大 VIF	1.854	1.831

$p^{**} < 0.01; ^* p < 0.05$

6.4.2　实证结果讨论

由表 6.8 可以得出模型 1 包含了控制变量和自变量企业间知识异质度,因变量是探索式创新绩效,回归结果发现企业间知识异质度正向影响探索式创新绩效($b=0.26$, $p<0.01$),支持了假设 4。探索式创新是寻找新组织惯例、发现新的方法技术、业务、流程和产品的结果(Lin & Mc-Donough,2014)。其目标是通过提供新的设计,创造新的产品/服务,并开发新的销售渠道满足新兴客户和市场的需

求(Li et al.，2014)。探索式创新需要大量的来自联盟合作网络的异质性知识做储备,企业间知识异质度的提高,有利于企业快速、广泛地获取新技术、新能力,以推进全新产品的研制、全新生产工艺的开发,进而提高探索式创新绩效。本书认为,企业间知识异质度给企业提供更丰富的与本企业知识领域不同的多样化的知识与信息,而探索式创新正是需要获取和创造全新的知识,力求脱离并超越现有知识基础的技术创新活动。因此,企业间知识异质度会促进探索式创新绩效。

模型 2 包含了控制变量和自变量企业间知识异质度,因变量是利用式创新绩效,回归结果发现企业间知识异质度同样正向影响利用式创新绩效($b=0.18,p<0.05$),假设 5 提出的企业间知识异质度对利用式创新绩效具有负向影响,在实证结果中未获得支持,即企业间知识异质度不仅对探索式创新绩效具有正向影响,对利用式创新绩效同样具有正向影响作用。利用式创新是建立在现有技术、客户和市场知识基础之上的,并对现有技能和流程进行加强(Lin&Chang,2015),即利用式创新主要是以现有知识基础为依托的技术创新活动,强调对现有知识进行提炼、整合、强化和改进,倾向于对企业间相似性知识的整合与利用,企业间知识异质度过高,反而不利于企业专注于自身内部知识的整合与改进。因此,本书在第 4 章的假设推导部分认为

企业间知识异质度对利用式创新绩效起到负向影响。

然而,假设 5 的实证数据结果与本书预先的理论假设不一致,企业间知识异质度与利用式创新绩效之间是显著的正向相关关系。本书做出的解释是虽然利用式创新是为了应对市场需要而对企业现有技术或技能进行改良,或者对现有产品和工艺进行改善,更多的是集中于企业内部知识资源的整合,但仍不可忽视外部异质性知识的引入对企业思维模式、知识整合效果的影响,进而影响企业利用式创新绩效。而且现有文献大多认为知识异质度对创新绩效存在促进作用,可能只有过了某一临界点的极大的企业间知识异质度才会给利用式创新绩效带来负面影响,而国内受访企业在联盟网络中的企业间知识异质度可能并未达到理论上所表述的高临界域程度,所以才得出企业间知识异质度对利用式创新绩效的正向影响作用的结论。

综上所述,子研究 2 的研究问题只得到了数据的部分证实,即企业间知识异质度对探索式创新绩效起到了正向影响的作用,而企业间知识异质度与利用式创新绩效的关系并非理论假设所提出的负向相关,企业间知识异质度对利用式创新绩效也是正向相关关系。

6.5　联盟治理机制对企业间知识异质度与
　　　企业创新绩效关系的调节作用

6.5.1　层次回归分析

子研究 3 主要采用层次回归法进行假设验证。在构造平方项和交互项之前,对变量进行标准化处理,以进一步降低可能的多重共线性影响。从表 6.9 中可以看出,各个模型的最大 VIF$<$10,说明回归不存在显著的多重线性问题。由于子研究 3 使用随机抽样的横截面数据,在理论上不存在序列相关问题。

表6.9 子研究3层级回归分析结果(因变量:探索式创新、利用式创新)

	模型1	模型2	模型3	模型4	模型5	模型6	模型7	模型8
控制变量								
1. 市场不确定性	-0.03**	-0.03*	-0.03*	-0.03*	-0.04*	-0.03*	0.34*	0.35*
2. 企业规模	0.03	0.02	0.05	0.06	0.04	0.02	0.01	0.02
3. 企业年龄	0.12	0.08	0.09	0.11	0.09	0.07	0.04	0.07
4. 所属行业	0.07	0.05	0.06	0.08	0.05	0.04	0.01	0.01
自变量								
5. 企业间知识异质度	0.23**	0.22**	0.19**	0.18**	0.17*	0.20*	0.18*	0.16*
调节变量								
6. 信任治理机制	0.15*	0.13*	0.14**	0.12*	—	—	—	—
7. 契约治理机制	0.12*	0.14	0.16**	0.17**	—	—	—	—
交互项								
8. 企业间知识异质度*信任	—	0.18**	0.13*	—	—	—	—	—
9. 企业间知识异质度*契约	-0.15*	0.14**	—	—	—	—	—	—

续　表

	模型 1	模型 2	模型 3	模型 4	模型 5	模型 6	模型 7	模型 8
R^2	0.48	0.48	0.50	0.48	0.52	0.58	0.61	0.60
调整后的 R^2	0.45	0.47	0.49	0.47	0.50	0.57	0.59	0.58
F	37.0**	29.3**	31.9**	33.5**	32.3**	35.2**	29.9**	28.8**
最大 VIF	1.854	1.81	1.73	2.10	1.87	2.13	2.24	2.01

** $p < 0.01$；* $p < 0.05$；+ $p < 0.1$

6.5.2　实证结果讨论

模型 1～4 分别检验了不同的联盟治理机制对企业间知识异质度与探索式创新绩效关系的调节作用。

模型 1 包含了控制变量、自变量企业间知识异质度与调节变量信任治理机制；模型 2 包含了控制变量、自变量企业间知识异质度与调节变量信任治理机制以及它们的交互项，因变量是探索式创新绩效。回归结果发现，信任治理机制正向调节了企业间知识异质度与探索式创新绩效的关系（$b=0.18$，$p<0.01$），支持了假设 6。

模型 3 包含了控制变量、自变量企业间知识异质度与调节变量契约治理机制；模型 4 包含了控制变量、自变量企业间知识异质度与调节变量契约治理机制以及它们的交互项，因变量是探索式创新绩效。回归结果发现，契约治理机制负向调节了企业间知识异质度与探索式创新绩效的关系（$b=-0.15$，$p<0.05$），支持了假设 8。

模型 5～8 分别检验了不同的联盟治理机制对企业间知识异质度与利用式创新绩效关系的调节作用。

模型 5 包含了控制变量、自变量企业间知识异质度与调节变量信任治理机制；模型 6 包含了控制变量、自变量企业间知识异质度与调节变量信任治理机制以及它们的交互项，因变量是利用式创新绩效。回归结果发现，信任治理机制正向调节了企业间知识异质度与探索式创新绩效的关系（$b=0.13$，$p<0.05$），支持了假设 7。

模型 7 包含了控制变量、自变量企业间知识异质度与调节变量契约治理机制；模型 8 包含了控制变量、自变量企业间知识异质度与调节变量契约治理机制以及它们的交互项，因变量是利用式创新绩效。回归结果发现，契约治理机制负向调节了企业间知识异质度与利用式创新绩效的关系（$b=0.14$，$p<0.01$），支持了假设 9。

综上所述，子研究 3 的研究问题得到了实证数据的支持，即联盟治理机制对企业间知识异质度与企业创新绩效的关系存在不同的调节效应，具体分为信任治理机制与契约治理机制对探索式创新绩效与利用式创新绩效的调节影响：信任治理机制对企业间知识异质度与探索式创新绩效关系有正向调节作用；信任治理机制对企业间知识异质度与利用式创新绩效关系有正向调节作用；契约治理机制对企业间知识异质度与探索式创新绩效关系有负向调节作用；契约治理机制对企业间知识异质度与利用式创新绩效关系有正向调节作用。

联盟治理机制对于不同创新绩效的作用效果是有所差别的。就契约治理机制而言，它主要通过外部权威约束力对合作过程中的机会主义行为发挥强有力的监督、控制和惩罚作用，从而遏制潜在合作风险，促进创新绩效；与契约治理的机制强制手段不同,信任治理机制是通过合作双方对彼此的积极预期以及互惠互利原则等柔性手段,使联盟成员产生自我行为约束的主观愿望,从而有效防止合作中的道德风险,增强盟员知识转移的意愿(刁丽琳、朱桂龙,2015)。

鉴于探索式创新与利用式创新的内涵区别,探索式创新更多的是利用异质性高的、隐性的知识对新领域内的新产品或新技术进行开发。企业间异质度水平的提高会使知识转移的难度增大,而如果联盟成员之间存在高度信任,双方对彼此的正确行为边界建立了某种心照不宣的默契,并形成良好的自我执行机制,令盟员自觉抵制自身的机会主义行为,不再怀疑对方的合作动机,势必对企业间异质性、默会性知识的转移起到良好的促进作用,进而更加有利于探索式创新。

而过于完备的契约治理机制意味着合作伙伴所感知的成员机会主义行为的风险较高,需要借助大量合同手段加以控制,从而可能破坏双方信任建立的根基,令另一方成员产生不被信任的消极情绪。作为回应,合作伙伴也往往采取一些"针锋相对"的不合作策略,包括刻意限制或停止合作创新过程中涉及的必要的异质性知识的分享与转移,从而影响探索式创新。

利用式创新更多的是企业对自己已有产品的改良,或者开发更多的产品样式,在现有工艺或技术的基础上做出修改和改进。这些创新活动并不需要太多高度的成员伙伴间异质性知识或复杂知识的交流与共享,更多的是依靠合同关系的履行来实现。与此同时,如果双方企业的信任程度较高,那么将大大减少履约过程中的搭便车或者不作为行为,两种治理机制对利用式创新绩效的作用效果相得益彰。

　　为了更直观地反映信任治理机制与契约治理机制对探索式创新绩效和利用式创新绩效的调节作用,可通过绘制调节作用图来展现(见图 6.1～图 6.4)。

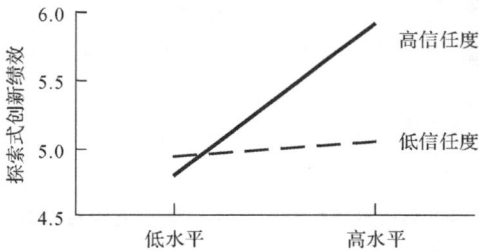

图 6.1　信任治理机制对探索式创新绩效的调节作用

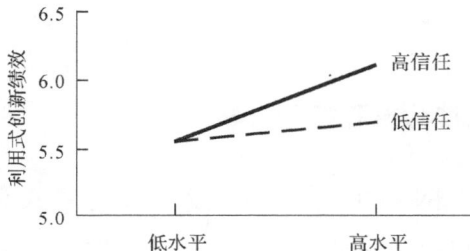

图 6.2　信任治理机制对利用式创新绩效的调节作用

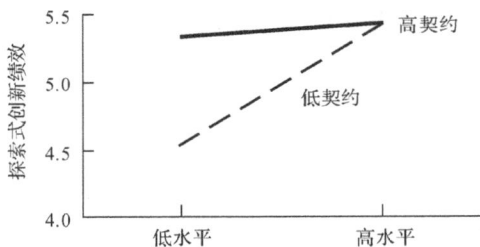

图 6.3　契约治理机制对探索式创新绩效的调节作用

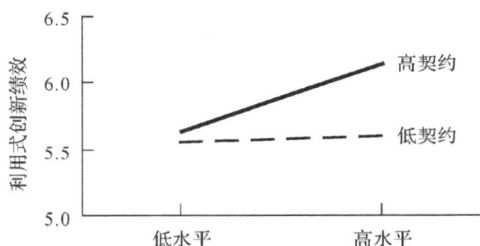

图 6.4　契约治理机制对利用式创新绩效的调节作用

6.6　网络中心性与探索式、利用式创新绩效关系研究

6.6.1　结构方程模型分析

子研究 4 网络中心性与探索式、利用式创新绩效关系——企业间知识异质度的中介作用,使用 AMOS17.0 软件对图 4.3 中的结构方程模型进行分析。拟合结果见表 6.10 和图 6.5。

表 6.10　结构方程模型分析结果

路径	标准化路径系数	非标准化路径系数	S. E.	C. R.	p
企业间知识异质度 ←网络中心性	0.56	0.34	0.03	5.87	***
利用式创新绩效← 企业间知识异质度	0.32	0.21	0.14	6.65	**
探索式创新绩效← 企业间知识异质度	0.64	0.45	0.10	4.10	***
$\chi^2=361.2$;$df=163$;CFI=0.91;TLI=0.93;IFI=0.94;RMSEA=0.068					

* $p<0.05$;** $p<0.01$;*** $p<0.001$

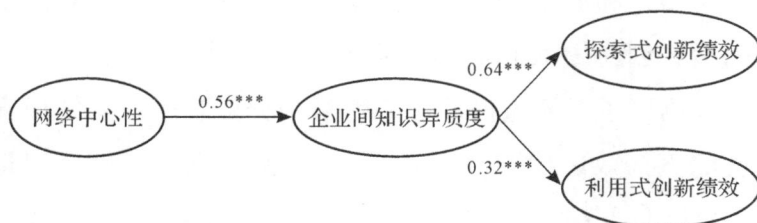

图 6.5　子研究 4 系数路径

由上表 6.10 可知,该模型的 $\chi^2=361.2$,$df=163$,χ^2/df 值接近于 2,CFI、TLI、IFI 的值>0.9,RMSEA 值<0.08,证明子研究 4 提出的理论模型与实证数据拟合效果较好。

为了进一步验证子研究 4 的中介作用,接下来将根据 Baron 和 Kenny(1986)建议的分析步骤,运用层次回归的方法验证企业间知识异质度在网络中心性和两类创新绩效之间所起的中介作用。其检验步骤分为以下四步：

第一，X 对 Y 的回归，检验回归系数 c 的显著性；

第二，X 对 M 的回归，检验回归系数 a 的显著性；

第三，M 对 Y 的回归，检验回归系数 b 的显著性；

第四，X 和 M 对 Y 的回归，检验回归系数 c' 的显著性。

如果系数 c、a 和 b 都显著，就表示存在中介效应。此时，如果回归系数 c' 不显著，是完全中介效应；如果回归系数 c' 显著，但 $c'<c$ ，就表示这个中介效应是部分中介效应。

模型 3 和模型 6 分别测试了自变量网络中心性对因变量探索式创新绩效和利用式创新绩效的直接效应（X-Y）；模型 2 测试了自变量网络中心性对中介变量企业间知识异质度的直接效应（X-M）；模型 4 和模型 7 测试了中介变量对探索式创新绩效和利用式创新绩效的直接效应（M-Y）；模型 5 和模型 8 测试了加入了中介变量后，自变量对因变量的效应（X-M-Y）；层次回归的结果列在表 6.11 中。

表 6.11　中介效应回归分析结果

	企业间知识异质度		探索式创新			利用式创新		
	模型 1	模型 2	模型 3	模型 4	模型 5	模型 6	模型 7	模型 8
控制变量								
1. 市场不确定性	-0.03^{**}	-0.03^{**}	-0.01^{**}	-0.03^{**}	-0.03^{**}	-0.01^{**}	-0.03^{**}	-0.03^{**}
2. 企业规模	0.06	0.06	0.11	0.03	0.02	0.11	0.06	0.06
3. 企业年限	0.48^{**}	0.48^{**}	0.22^*	0.12	0.09	0.21^*	0.11	0.11
4. 所属行业	0.04	0.04	0.03	0.07	0.07	0.02	0.08	0.08
自变量								
5. 网络中心性	—	0.21^{**}	0.19^{**}	—	0.08^*	0.12^{**}	—	0.04^*
中介变量								
6. 企业间知识异质度	0.26^{**}	0.23^{**}	—	0.18^{**}	0.16^{**}	—	—	—
R^2	0.49	0.49	0.26	0.47	0.34	0.23	0.48	0.32
F 值	33.58^{**}	29.30^{**}	33.87^{**}	37.02^{**}	35.98^{**}	33.21^{**}	33.51^{**}	27.80^{**}
调整后的 R^2	0.48	0.48	0.26	0.45	0.33	0.23	0.47	0.32
最大的 VIF	1.58	2.01	1.86	1.85	2.21	2.13	1.83	1.97

* $p<0.05$；** $p<0.01$；*** $p<0.001$

从表 6.11 中我们可以看到,网络中心性对探索式创新绩效(模型 3,$c=0.19$,$p<0.01$)与利用式创新绩效(模型 6,$c=0.12$,$p<0.01$)都具有显著的正向影响。同时,网络中心性对企业间知识异质度(模型 2,$a=0.21$,$p<0.01$)也具有显著的正向影响。企业间知识异质度对探索式创新绩效(模型 4,$b=0.26$,$p<0.01$)和利用式创新绩效(模型 7($b=0.18$,$p<0.01$))均具有显著的正向影响。在加入了中介变量企业间知识异质度后,网络中心性对探索式创新绩效(模型 5,$c'=0.08$,$p<0.05$)和利用式创新绩效(模型 8,$c'=0.04$,$p<0.05$)的影响仍然显著,虽然 $c'<c$,但是企业间知识异质度仍对探索式创新绩效(模型 5,$b=0.23$,$p<0.01$)和利用式创新绩效(模型 8,$b=0.16$,$p<0.01$)具有显著的正向影响。由此,我们可以得出:企业间知识异质度在网络中心性与探索式、利用式创新绩效之间起到了不完全中介的作用,支持了假设 10 和假设 11。

6.6.2　实证结果讨论

分析结果表明假设 10 与假设 11 均得到了实证的支持,即企业间知识异质度在网络中心性与探索式、利用式创新绩效之间均起到了不完全的中介作用。

企业占据网络中心位置有利于探索式、利用式创新绩效的提升,某种程度上是由于这种网络中心性带来的获取企业间异质性知识的可能性与丰富程度,使得企业有源源不断的动力进行探索式或利用式的创新活动。

大量外部异质性知识给企业提供了更丰富的与本企业生产研发领域不同的多样化的技术技能与信息,而探索式创新正是需要获取和创造全新的知识,力求脱离并超越现有知识基础的技术创新活动。因此,企业的网络中心性正是通过企业间知识异质度的作用来促进探索式创新绩效。

而利用式创新虽然是以现有知识基础为依托的技术创新活动,强调对现有知识进行提炼、整合、强化和改进,但适度的企业间知识异质度仍然可以刺激企业内部相似性知识的整合与利用,引发对现有产品流程工艺的改善与改进,促进利用式创新绩效。

本章的最后列出实证结果与理论假设结果一览表(见表 6.12)。除了假设 5 未得到实证数据支持以外,本书的其他假设均得到了实证数据的支持。

表 6.12　假设与实证结果一览

研究问题	研究假设	实证结果
研究问题 1: 网络中心性与企业间知识异质度的关系:关系强度与关系质量的调节作用	H1:网络中心性与企业间知识异质度之间具有正向相关关系。	支持

续　表

研究问题	研究假设	实证结果
网络中心性与企业间知识异质度之间究竟存在何种相关关系?关系强度与关系质量是否对二者之间的关系起到调节作用?	H2:关系强度对网络中心性与企业间知识异质度之间的关系具有正向调节作用。	支持
	H3:关系质量对网络中心性与企业间知识异质度之间的关系具有正向调节作用。	支持
研究问题2:企业间知识异质度与企业创新绩效之间的关系研究。企业间知识异质度与探索式、利用式创新绩效之间分别存在何种关系?	H4:企业间知识异质度对探索式创新绩效具有正向影响。	支持
	H5:企业间知识异质度对利用式创新绩效具有负向影响。	不支持
研究问题3:不同的联盟治理机制对企业间知识异质度与企业创新绩效关系的调节作用。联盟治理机制对企业间知识异质度与企业创新绩效之间的关系是否存在各自不同的调节效应?	H6:信任治理机制对企业间知识异质度与探索式创新绩效关系有正向调节作用。	支持
	H7:信任治理机制对企业间知识异质度与利用式创新绩效关系有正向调节作用。	支持
	H8:契约治理机制对企业间知识异质度与探索式创新绩效关系有负向调节作用。	支持
	H9:契约治理机制对企业间知识异质度与利用式创新绩效关系有正向调节作用。	支持

研究问题	研究假设	实证结果
研究问题 4： 网络中心性与企业创新绩效关系——企业间知识异质度的中介作用。 企业间知识异质度是否在企业网络位置与其创新绩效之间起到部分中介的作用？	H10：网络中心性与探索式创新绩效的关系——企业间知识异质度的不完全中介效应。	支持
	H11：网络中心性与利用式创新绩效的关系——企业间知识异质度的不完全中介效应。	支持

第 7 章　结论与展望

7.1　主要结论

本书在大量文献回顾总结及探索性案例研究的基础上,对研究问题进行了理论分析,提出了概念模型和相关假设,并基于上海、江苏、浙江、安徽、广东 322 个创新类企业样本,利用层次回归分析和结构方程模型的方法进行了实证研究。

基于上述研究,本书得出以下主要结论。

(1)网络中心性与企业间知识异质度呈现正向相关关系;关系强度正向调节网络中心性与企业间知识异质度之间的关系;关系质量正向调节网络中心性与企业间知识异质度之间的关系。

(2)企业间知识异质度正向影响探索式创新绩效,企业间知识异质度正向影响利用式创新绩效。

(3)信任治理机制和契约治理机制对企业间知识异质

度与企业创新绩效之间的关系存在调节作用,具体表现为:信任治理机制对企业间知识异质度与探索式创新绩效的关系有正向调节作用;信任治理机制对企业间知识异质度与利用式创新绩效的关系有正向调节作用;契约治理机制对企业间知识异质度与利用式创新绩效有正向调节作用,契约治理机制对企业间知识异质度与探索式创新绩效的关系有负向调节作用。

(4)企业间知识异质度在网络中心性与探索式、利用式创新绩效的关系中均起到了不完全中介的作用。

7.2　理论贡献

现有研究关于合作创新背景下研发联盟网络嵌入与知识转移影响创新绩效的成果为全球化与转型经济背景下研究企业绩效的提升提供了一定的理论基础,但仍存在一些不足:第一,以往研究主要从企业所嵌入的网络结构视角探讨企业创新绩效的形成与提升,忽略了网络关系维度对这一过程的影响;第二,以往研究主要将企业的外部知识网络当做既定内容,有关研发网络嵌入作用于知识异质度的机理、知识异质度作用于企业创新绩效的研究并不多见;第三,企业创新绩效提升的关键在于基于知识异质度的联盟治理机制权变设置,以及区分不同类型创新活动的分类研究,现有研究尚缺乏对该权变过程与机理的探讨,因此相关研究亟待推进。本书基于上述现有研究的空白与不足作了以下理论贡献。

(1)有关网络位置与企业创新绩效的关联性研究虽已有较丰富的成果,但大多数文献对网络位置与创新绩效关系的研究建立在单一层面,只有少量文献试图将知识异质度要素引入中介变量层面来探讨企业网络位置对其创新绩效的影响机制。具体体现在以下方面。

首先,以往绝大多数文献都是单独研究网络结构对企业创新绩效、知识转移的影响,而知识转移均是从企业内部吸收显性知识和隐性知识的角度来探讨企业创新绩效的问题,极少涉及企业间知识异质度的构建范畴。本书将企业间知识异质度作为中介变量引入企业网络位置与其创新绩效的关系研究中,探讨了网络位置对企业创新绩效的作用路径与机理,研究了研发联盟网络中核心企业的网络中心性与企业创新绩效的直接效应是通过企业间知识异质度这一重要变量为中介,填补了以往研究的空白。

其次,本书在企业间知识异质度影响其创新绩效的关系研究中,区分了企业间知识异质度对探索式创新绩效与利用式创新绩效的不同作用,研究了企业间知识异质度的高低水平对两类创新绩效产生不同影响效果的原因。

(2)有关企业网络位置与知识获取的研究也颇丰,但是分析网络关系变量对企业网络位置与企业间知识异质度调节作用的研究并不多见,尤其是关系质量的调节作用更是少之又少。本书填补了现有研究在这些方面的空白,不仅探究了关系强度对网络中心性与企业间知识异质度直接效应的调节作用,而且验证了关系质量对网络中心性与企业间知识异质度直接效应的调节作用。

(3)企业创新绩效提升的关键在于基于知识异质度的联盟治理机制权变设置,现有研究尚缺乏对该权变过程的探讨。本书在分析企业间知识异质度对两类创新绩效直接作用效应的基础上,深入探讨了正式与非正式治理机制对知识异质度与企业技术创新能力之间关系的调节效应,以此提出联盟治理机制权变设置的理念。

以往文献关于联盟治理机制对于企业间知识异质度与企业创新绩效之间关系调节作用的分析局限在孤立的正式或非正式治理机制层面上,对于正式与非正式治理机制的联合调节作用的研究较为有限。本书将三者纳入同一个框架进行研究,详细探讨了信任治理机制与契约治理机制对企业创新绩效的调节作用,并分别分析了不同类型联盟治理机制的应用如何影响企业间知识异质度对不同类型创新绩效的作用效果。

(4)有关企业间知识异质度量表的开发与测量使用,以往研究多数是用联盟企业各自的专利数据根据一定的计算公式来测度企业间知识异质度,这种测度方式在中国的情境下未免有不足之处。因为企业的很多技术知识未必申请了专利。本书在项目组成员的共同开发下,采用问卷调查的方式,以创新主体自我中心式分析法,通过不同题项来测度被访者所认知的与联盟企业相关的异质化知识的差异程度,并且收到了良好的信度与效度,支持了本书并促进了其他课题研究的顺利推进与完成。

7.3　管理实践启示

(1)帮助企业家深刻认识网络位置对企业获取异质性知识的作用。

占据良好网络位置的企业在信息收集与处理方面更具优势,拥有更多的网络联结,更有机会接触到丰富的异质性知识,在网络中具有更高的可见度和更大的吸引力,处理复杂知识的能力相对较高,可以给其他企业提供技术建议和支持,容易得到其他企业的尊重并获得信任,从而增进合作行为的默契程度,使得伙伴间较容易建立起规范和共识。这意味着创新主体在联盟缔结之前就应该尽可能地利用自身的规模、资源、战略导向占据联盟网络的中心位置,最大限度地获取各类异质性知识与信息,扩大本企业的知识储备池。

（2）帮助企业家保持与联盟合作创新伙伴适当的网络关系促进其异质性知识的获取。

对于企业创新而言，与联盟合作创新成员间的关系强度和关系质量都会影响其异质性知识识别、获取、整合、利用的过程，稳定的关系强度可以帮助企业稳定地吸收伙伴成员的创新信息，而频繁变动的联盟关系可能使企业无所适从。联盟关系建立和维持的时间是获得联盟优势的重要因素，目标企业需要通过一段时间与其他联盟企业进行多次相互交流，才能建立自身的信誉并且考察对方的声誉与能力，进而在联盟内部建立稳定的合作关系。

在企业互动以及互相依赖的联盟合作创新环境中，关系的性质比资源的性质更有影响力，关系的性质决定了企业与伙伴之间互动的深度及广度，决定了彼此资源协同或整合的程度。在联盟成立之后，企业经理人或者技术部门的主管及研发人员可以通过发挥关系强度与关系质量的调节作用，保持与联盟中其他合作创新伙伴企业的联系、沟通与交流，更好地利用企业已经占据的网络中心位置促进其异质性知识的获取。

（3）帮助企业家权变设置联盟治理机制有效治理联盟合作创新伙伴，最大限度地发挥企业间异质性知识对企业不同类型创新绩效的作用。

在联盟合作创新的过程中，对联盟合作创新伙伴企业的治理非常重要。联盟合作中的伙伴企业性质多样，功能不同。目标企业对不同的联盟合作创新伙伴实施不同的治理方式或方式组合，甚至建立专门的联盟治理机制来进行管理。

环境的不确定性、信息的不完备性、信息在伙伴间的不对称分布、人的有限理性及机会主义行为倾向，都促成了交易成本的产生。目标企业可以通过设计正式的治理机制，以契约治理联盟合作双方的不确定性交易，无论是自我实施的契约治理机制还是监督执行的契约治理机制，能够预先明确交易双方的责任和义务以及双方应担任的角色，规定合同执行的监督过程以及对违约行为的惩罚标准，拟定对未来不确定事件的解决程序和方法，并最终确定合同执行结果以及收益、产出情况，从而降低事前、事中与事后交易成本。

与此同时，关系治理机制可以降低合约及监控成本，以及激励伙伴进行价值创造，是解决交易治理关于契约不完备性的有效手段。目标企业可以采取非正式的关系治理机制，通常包括表达善意、建立信任关系、潜在处罚机制（如声誉损失），这种机制也可以被认为是一种自我加强治理方式，它不依赖外在因素，是基于信任的治理方式。目标企业发展信任治理机制可以使联盟关系的适应性、柔性得到增强，与合作伙伴之间可以在刚性的合同之外通过简单磋商即对合同条款及时进行调整或直接采取行动，尤其在应对环境复杂性方面可以更为积极灵活。与此同时，发展信任关系是竞争对手难以模仿的，具有一定的独特性，从某种角度而言，保障了联盟合作的长期持续发展。

从契约到信任关系的建立，是一个联盟治理机制不断被加强的过程。目标企业治理机制若设置得当，会使联盟双方建立共同愿景，并且为了该愿景，有共担风险的意愿和自我监督的自觉，机会主义风险大大降低。这种组合治理机制的权变设置，会使联盟合作创新伙伴之间更为开放各自的资源、专有技能及隐性知识，而不用担心受到敲诈、背叛和窃取。

综上所述，契约治理机制与信任治理机制的联合治理作用将在企业治理与联盟合作创新伙伴之间的关系上发挥积极作用，企业管理者可以根据企业进行的创新活动的不同类型、联盟合作创新伙伴的功能差别，通过权变设置治理机制来有效促进本企业创新绩效的提升，例如高信任—低契约、低信任—高契约的互补型治理机制，针对不同的联盟合作创新伙伴关系进行治理，以实现企业合作创新的目标并取得创新绩效的持续发展。

7.4　局限性与未来研究方向

（1）本书主要基于企业间知识异质度的作用机制，考察了网络中心位置对探索式、利用式创新绩效的影响，但缺乏对网络中介位置的同步探究，因为研发联盟企业仅仅占据网络中心位置，对于占据网络中介位置的企业创新绩效的研究同样重要，后续研究可以着手进一步探讨。

（2）本书仅仅引入了联盟治理机制中的信任治理机制与契约治理机制作为企业间知识异质度与其创新绩效关系的调节变量，而正式与非正式的联盟治理机制还包含互惠治理机制、学习治理机制等，也可能是影响它们之间关系的主要调节变量，未来的研究可以进一步探讨这些因素如何影响企业知识异质度与其创新绩效的关系。

（3）本书的实证分析主要采用了问卷调查和案例分析的方法。尽管调查样本的数量较大，但仍然集中在江浙沪粤等经济发达地区，使得研究不具普适性；对企业间知识异质度的测量尽管取得了相对满意的信度与效度结果，但其科学性与合理性还有待进一步验证。

参考文献

Abrahamson E, Rosenkopf L, 1997. Social network effects on the extent of innovation diffusion: A computer simulation[J]. Organization Science, 8(3): 289-309.

Adler P S, Kwon S K, 2002. Social capital: Prospects for a new concept[J]. Academy of Management Review, 27 (1): 17-40.

Ahuja G, 2000. Collaboration networks, structural holes and innovation: A longitudinal study[J]. Administrative Science Quarterly, 45(3): 425-455.

Ahuja G, Katila R, 2001. Technological acquisitions and the innovation performance of acquiring firms: A longitudinal study[J]. Strategic Management Journal, 22 (3): 197-220.

Almeida P, Phene A, 2004. Subsidiaries and knowledge creation: The influence of the MNC and host country on innovation[J]. Strategic Management Journal, 25: 47-64.

Anderson J C, Gerbing D W, 1988. Structural equation modeling in practice: A review and recommended two-step approach[J]. Psychological Bulletin, 103(3): 411.

Anderson U, Forsgren M, Holm U, 2002. The strategic impact of external networks: Subsidiary performance and competence development in the multinational corporation [J]. Strategic Management Journal, 23(11): 979-996.

Argyres N, 1996. Capabilities, technological diversification and Divisionalization[J]. Strategic Management Journal, 17 (5): 395-410.

Arndt O, Sternberg R, 2000. Do manufacturing firms profit from intraregional innovation linkages? An empirical based answer[J]. European Planning Studies, 8(4): 465-485.

Baron R M, Kenny D A, 1986. The moderator-mediator variable distinction in social psychological research: Conceptual, strategic, and statistical considerations[J]. Journal of Personality and Social Psychology, 51(6): 1173-1182.

Baum J A C, Cowan R, Jonard N, 2010. Network-independent partner selection and the evolution of innovation networks[J]. Management Science, 56(11): 2094-2110.

Bell G G, 2005. Clusters, networks, and firm innovativeness[J]. Strategic Management Journal, 26(3): 287-295.

Bonner J M, Walker J O C, 2004. Selecting influential business to business customers in new product development: Relational embeddedness and knowledge heterogeneity considerations[J]. Journal of Product Innovation Management, 21(3): 155-169.

Breschi S, Lissoni F, Malerba F, 2003. Knowledge-relatedness in firm technological diversification[J]. Research Policy, 32(1): 69-87.

Bresman H, Birkinshaw J, Nobe R, 1999. Knowledge transfer in international acquisitions[J]. Journal of International Business Studies, 30: 39-62.

Brown J E, Hendry C, 1998. Industrial districts and supply chains as vehicles for managerial and organizational learning[J]. International Studies of Management & Organization, 27(4): 127-157.

Brusoni S, Prencipe A, Pavitt K, 2001. Knowledge specialization, organizational coupling, and the boundaries of the firm: Why do firms know more than they make? [J]. Administrative Science Quarterly, 46(4): 597-621.

Burt R S, 1992. Structural holes[M]. Cambridge, MA:

Harvard University Press.

Burt R S, 2004. Structural holes and good ideas[J]. American Journal of Sociology, 110(2): 349-399.

Burk W J, Steglich C E G, Snijders T A B, 2007. Beyond dyadic interdependence: Actor-oriented models for coevolving social networks and individual behaviors[J]. International Journal of Behavioral Development, 31(4): 397-404.

Cantner U, Graf H, 2006. The network of innovators in Jena: An application of social network analysis[J]. Research Policy, 35(4): 463-480.

Cantwell J, Santangelo G D, 2006. The boundaries of firms in the new economy: M&As as a strategic tool toward corporate technological diversification[J]. Structural Change and Economic Dynamics, 17(2): 174-199.

Chang M L, Cheng C F, Wu W Y, 2012. How buyer-seller relationship quality influences adaptation and innovation by foreign Mncs'subsidiaries[J]. Industrial Marketing Management, 41(7): 1047-1057.

Chen T Y, Hung K P, Tseng C M, 2010. The effects of learning capacity, transparency and relationship quality on interorganizational learning[J]. International Journal of Management, 27(3): 405-420.

Chesbrough H W, 2003. Open innovation: The new imperative for creating and profiting from technology[M]. Boston, MA: Harvard Business Press.

Chiang Y H, Shih H A, Hsu C C, 2014. High commitment work system, transactive memory system, and new product performance[J]. Journal of Business Research, 67(4): 631-640.

Chu Z F, Wang Q, 2012. Drivers of relationship quality in logistics outsourcing in China[J]. Journal of Supply Chain Management, 48(3): 78-96.

Chuang C Men, Yang K S, 2006. How industry network and hierarchy positions influence innovation in global semiconductor industry[C]. Academy of Management Best Paper Proceedings, IM: NI.

Chung C N, Mahmood I P, Mitchell W, 2005. The Janus face of intrafirm yies: Group-wide and affiliate-level innovation by multi-business firms in Taiwan[C]. Academy of Management Best Paper Proceedings, IM: B1.

Cohen W M, Levinthal D A, 1990. Absorptive capacity: A new perspective on learning and innovation[J]. Administrative Science Quarterly, 35(1): 128-152.

Coleman J S, 1998. Social capital in the creation of human

capital[J]. American Journal of Sociology, 94 (supplement): 95-120.

Coleman J S, 1990. The foundations of social theory[M]. Cambridge, MA: Harvard University Press.

Cowan R, Jonard N, Zimmermann J B, 2007. Bilateral collaboration and the emergence of innovation networks[J]. Management Science, 53(7): 1051-1067.

Cross R, Cummings J N, 2004. Tie and network correlates of individual performance in knowledgeintensive work[J]. Academy of Management Journal, 47(6): 928-937.

Cullen J B, Johnson J L, Sakano T, 2000. Social ties and foreign market entry[J]. Journal of International Business Studies, 31(3):443-469.

Das T K, Teng B S, 1998. Resource and risk management in the strategic alliance making process[J]. Journal of Management, 24(1): 21-42.

Dasgupta, 1988. Trust: Making and breaking cooperative relations[M]. Oxford: Basil Blackwell, 49-72.

Davenport T H, Prusak L, 1998. Working knowledge: How organizations manage what they know[M]. Boston, MA: Harvard Business Review Press.

Dekker H C, 2004. Control of inter-organizational relationships: Evidence on appropriation concerns and coordination requirements[J]. Accounting, Organizations and Society, 29(1): 27-49.

Dhanaraj C, Lyles M A, Steensma H K, et al. , 2004. Managing tacit and explicit knowledge transfer in IJVs: The role of relational embeddings and the impact on performance[J]. Journal of International Business Studies, 35(3),428-442.

Dhanaraj C, Parkhe A, 2006. Orchestrating innovation networks[J]. Academy of Management Review, 31(3): 659-669.

Dyer J H, Nobeoka K, 2000. Creating and managing a highperformance knowledgesharing network: The Toyota case[J]. Strategic Management Journal, 21(6): 345-367.

Dyer J H, Singh H, 1998. The relational view: Cooperative strategy and sources of interorganizational competitive advantage[J]. Academy of Management Review, 23 (4): 660-679.

Eisingerich A B, Bell S J, Tracey P, 2010. How can clusters sustain performance? The role of network strength, network openness, and environmental uncertainty[J]. Research Policy, 39(2): 239-253.

Escribano A, Fosfuri A, TribóJ A, 2009. Managing external knowledge flows: The moderating role of absorptive capacity[J]. Research Policy, 38(1): 96-105.

Freeman C, 1991. Networks of innovators: A synthesis of research issues[J]. Research Policy, 20(5): 499-514.

Friedkin N E A, 2006. Structural theory of social influence[M]. Cambridge: Cambridge University Press.

Friedland R, Alford R R, 1991. Bringing society back in: Symbols, practices, and institutional contradictions[M]// Powell W W, Dimaggio P J. The new institutionalism in organizational analysis. Chicago: University of Chicago Press.

Furubotn E, Richter R, 1991. The new institutional economics: An assessment[M]. College Station, TX: Texas A&M University Press.

Galunic D C, Rodan S, 1998. Resource recombinations in the firm: Knowledge structures and the potential for Schumpeterian innovation[J]. Strategic Management Journal, 19(12): 1193-1201.

Gambetta D, 1988. Can we trust trust? [M]//Dasgupta. Trust: Making and breaking cooperative relations. Oxford: Basil Blackwell.

Gambetta D, 1990. Trust: Making and breaking coope-rative relations[J]. Journal of Economic Literature, 28 (3): 1195-1197.

Garcia-Vega M, 2006. Does technological diversification promote innovation? An empirical analysis for European firms [J]. Research Policy, 35(2): 230-246.

Gay B, Dousset B, 2005. Innovation and network structural dynamics: Study of the alliance network of a major sector of the biotechnology industry[J]. Research Policy, 34(10): 1457-1475.

Ghoshal S, Bartlett C A, 1990. The multinational cor-poration as an interorganizational network[J]. Academy of Management Review, 15: 603-625.

Gilsing V, Nooteboom B, Vanhaverbeke W, Duysters G, Van Den Oord A, 2008. Network embeddedness and the exploration of novel technologies: Technological distance, betweenness centrality and density[J]. Research Policy, 37 (10): 1717-1731.

Giuliani E, Bell M, 2005. The micro-determinants of meso-level learning and innovation: Evidence from a Chilean wine cluster[J]. Research Policy, 34(1): 4-68.

Gnyawali D R, Madhavan R, 2001. Cooperative networks

and competitive dynamics: A structural embeddedness perspective[J]. Academy of Management Review, 26(3): 431-445.

Granovetter M, 1985. Economic action and social structure: The problem ofembeddedness [J]. American Journal of Sociology, 91(3): 481-510.

Granstrand O, 1998. Towards a theory of the technology-based firm[J]. Research Policy, 27(5): 465-489.

Grant R M, 1996. Toward a knowledgebased theory of the firm[J]. Strategic Management Journal, 17: 109-122.

Grant R M, Aden-Fuller C B, 2004. A knowledge accessing theory of strategic alliances[J]. Journal of Management Studies, 41: 61-84.

Grimpe C, Sofka W, 2009. Search patterns and absorptive capacity: Lowand hightechnology sectors in European coun-tries[J]. Research Policy, 38(3): 495-506.

Gulati R, 1998. Alliances and networks[J]. Strategic Management Journal, 19(4): 293-317.

Gulati R, 1999. Network location and learning: The influence of network resources and firm capabilities on alliance formation[J]. Strategic Management Journal, 20 (5): 397-420.

Gulati R, Nickerson J A, 2008. Inter-organizational trust, governance choice, and exchange performance[J]. Organization Science, 19(5): 1-21.

Gulati R, Nohria N, Zaheer A, 2000. Strategic networks [J]. Strategic Management Journal, 21: 203-215.

Gulati R, Singh H, 1998. The architecture of cooperation: Managing coordination costs and appropriation concerns in strategic alliances[J]. Administrative Science Quarterly, 43 (4): 781-814.

Gulati R, Sytch M, 2007. Does familiarity breed trust? The implications of repeated ties for contractual choice in alliances[J]. Academy of Management Journal, 38(1): 12-85.

Gupta A K, Govindarajan V, 2000. Knowledge flows within multinational corporations[J]. Strategic Management Journal, 21: 73-96.

Hagedoorn J, 2006. Understanding the cross-level emb eddedness of interfirm partnership formation[J]. Academy of Management Review, 31(3): 670-680.

Hagedoorn J, Cloodt M, 2003. Measuring innovative performance: Is there an advantage in using multiple indicators? [J]. Research Policy, 32(8): 1365-1379.

Hamel G, 1991. Competition for competence and interpartner learning within international strategic alliances[J]. Strategic Management Journal, 12(summer special issue): 83-103.

Hamel G, Doz Y L, Prahalad C K, 1989. Collaborate with your competitors and win[J]. Harvard Business Review, 67(1): 133-139.

Hansen M T, 1999. The search-transfer problem: The role of weak ties in sharing knowledge across organization subunits[J]. Administrative Science Quarterly, 44(1): 82-111.

Hansen M T, 2002. Knowledge networks: Explaining effective knowledge sharing in multiunit companies[J]. Organization Science, 13: 232-248.

Hargadon A, Sutton R I, 1997. Technology brokering and innovation in a product development firm[J]. Administrative Science Quarterly, 42(4): 716-749.

Henderson R, Cockburn I, 1994. Measuring competence? Exploring firm effects in pharmaceutical research[J]. Strategic Management Journal, 15: 63-84.

Hitt M A, Beamish P W, Jackson S E, Mathieu J E, 2007. Building theoretical and empirical bridges across levels: Multilevel research in management[J]. Academy of Management Journal, 50: 1385-1399.

Huang Y F, Chen C J, 2010. The impact of technological diversity and organizational slack on innovation[J]. Technovation, 30(7): 420-428.

Huber G, 1991. Organizational learning: The contributing processes and the literatures[J]. Organization Science, 2(1): 88-115.

Ibarra H, 1993. Network centrality, power, and innovation involvement: Determinants of technical and administrative roles[J]. Academy of Management Journal, 36(3): 471-501.

Imai K, Baba Y, 1989. Systemic innovation and cross-border networks: Transcending markets and hierarchies to create a new techno-economic system[M]. Institute of Business Research, Hitotsubashi University.

Inkpen A C, Currall S C, 2004. The coevolution of trust, control, and learning in joint ventures[J]. Organization Science, 15(5): 586-599.

Inkpen A C, Tsang E, 2005. Networks, social capital and learning[J]. Academy of Management Review, 30: 146-165.

Jansen J, Van D, Volberda H W, 2006. Exploratory innovation, exploitative innovation, and performance: Effects of organizational antecedents and environmental moderators

[J]. Management Science, 52(11): 1661-1674.

Jap S D, Ganesan S, 2000. Control mechanisms and the relationship life cycle: Implications for safeguarding specific investments and developing commitment[J]. Journal of Marketing Research, 37(2): 227-245.

Jarillo J C, 1988. On strategic networks[J]. Strategic Management Journal, 9: 31-41.

Kale D, Little S, 2007. From imitation to innovation: The evolution of R&D capabilities and learning processes in the Indian pharmaceutical industry[J]. Technology Analysis & Strategic Management, 19(5): 589-609.

Kale P, Singh H, Perlmutter H, 2000. Learning and protection of proprietary assets in strategic alliances: Building relational capital[J]. Strategic Management Journal, 21(3): 217-238.

Katila R, Ahuja G, 2002. Something old, something new: A longitudinal study of search behavior and new product introduction[J]. Academy of Management Journal, 45(6): 1183-1194.

Kogut B, Zander U, 1992. Knowledge of the firm, combinative capabilities and the replication of technology [J]. Organization Science, 3: 383-397.

Lambe C J, Spekman R E, 1997. Alliances, external technology acquisition, and discontinuous technological change[J]. Journal of Product Innovation Management, 14 (2): 102-116.

Lane P J, Lubatkin M, 1998. Relative absorptive capacity and interorganizational learning[J]. Strategic Management Journal, 19(5): 461-477.

Lane P J, Salk J E, Lyles M A, 2001. Absorptive capacity, learning and performance in international joint ventures[J]. Strategic Management Journal, 22: 39-61.

Larson A, 1992. Network dyads in entrepreneurial settings: A study of the governance of exchange relationships[J]. Administrative Science Quarterly, 37(1): 76-104.

Lee R P, Chen Q M, 2009. The immediate impact of new product introductions on stock price: The role of firm resources and size[J]. Product Innovation Management, 26 (1): 97-107.

Levin D Z, Cross R, 2004. The strength of weak ties you can trust: The mediating role of trust in effective knowledge transfer[J]. Management Science, 50(11): 1477-1490.

Li C R, Lin C J, Huang H C, 2014. Top management team social capital, exploration-based innovation, and exploitationbased innovation in Smes[J]. Technology Analysis & Strategic Management, 26(1): 69-85.

Lin B W, Chen J S, 2005. Corporate technology portfolios and R&D performance measures: A study of technology intensive firms[J]. R&D Management, 35(2): 157-170.

Lin C, Chang C C, 2015. A patent-based study of the relationships among technological portfolio, ambidextrous innovation, and firm performance[J]. Technology Analysis & Strategic Management, 27(10): 1193-1211.

Lin H E, McDonough E F, 2014. Cognitive frames, learning mechanisms, and innovation ambidexterity[J]. Journal of Product Innovation Management, 31(S1): 170-188.

Lincoln J R, Gerlach M L, 2004. Japan's network economy: A structure, persistence, and change[M]. Cambridge: Cambridge University Press.

Lubatkin M H, Simsek Z, Ling Y, Veiga J R, 2006. Ambidexterity and performance in smallto mediumsized firms: The pivotal role of top management team behavioral integration[J]. Journal of Management, 32 (5): 646-672.

Lui S S, Ngo H, 2004. The Role of Trust and Contractual Safeguards on Cooperation in Nonequity Alliances[J]. Journal of Management, 30(4): 471-485.

Lyles M A, Salk J E, 1996. Knowledge acquisition from foreign parents in international joint ventures[J]. Journal of International Business Studies, 27: 5-27.

Mahmood I P, Zhu H J, Zajac E J, 2011. Where can capabilities come from? Network ties and capability acquisition in business groups[J]. Strategic Management Journal, 26 (1): 820-848.

March J G, 1991. Exploration and exploitation in organizational learning[J]. Organization Science, 18(2): 71-87.

McEvily B, Marcus A, 2005. Embedded ties and the acquisition of competitive capabilities[J]. Strategic Management Journal, 26(11): 1033-1055.

McEvily B, Zaheer A, 1999. Bridging ties: A source of firm heterogeneity in competitive capabilities[J]. Strategic Management Journal, 20(12): 1133-1156.

McPherson M, Smith-Lovin L, Cook J M, 2001. Birds of a feather: Homophily in social networks[J]. Annual Review of Sociology, 27: 415-444.

Moliterno T P, Mahony D M, 2011. Network theory of organization: A multilevel approach[J]. Journal of Management，37(2)：443-467.

Mors M L，2010. Innovation in a global consulting firm：When the problem is too much diversity[J]. Strategic Management Journal，31(8)：841-872.

Mowery D C，Oxley J E，Silverman B S，2006. Strategic alliances and inter-firm knowledge transfer[J]. Strategic Management Journal，17(Special Issue)：77-91.

Nahapiet J，Ghoshal S，1998. Social capital，intellectual capital，and the organizational advantage[J]. Academy of Management Review，23(2)：242-266.

Nielsen B B，2005. The role of knowledge embeddedness in the creation of synergies in strategic alliances[J]. Journal of Business Research，58(9)：1194-1204.

Nieto M，Quevedo P，2005. Absorptive capacity，technological opportunity，knowledge spillovers，and innovative effort[J]. Technovation，25(10)：1141-1157.

Nonaka I，1991. The knowledge-creating company[J]. Harvard Business Review，11：96-104.

Nonaka I，1994. A dynamic theory of organizational knowledge creation[J]. Organization Science，5(1)：14-37.

Nooteboom B，Berger J，Noorderhaven N G，1997. Effects of trust and governance on relational risk[J].

Academy of Management Journal, 40(2): 8-338.

Nooteboom B, Vanhaverbeke W , Duysters G, Oord A V D, 2007. Optimal cognitive distance and absorptive capacity[J]. Research Policy, 36(7): 1016-1034.

North D, 1984. Transaction costs, institutions, and economic history[J]. Journal of Institutional and Theoretical Economics, 140: 230-37.

North D, 1991. Institutions[J]. Journal of Economic Perspective, 5(Winter): 97-112.

Oerlemans L A G, Knoben J, Pretorius M W, 2013. Alliance portfolio diversity, radical and incremental innovation: The moderating role of technology management[J]. Technovation, 33(6): 234-246.

Ouchi W G, 1979. A conceptual framework for the design of organizational control mechanisms[J]. Management Science, 25(9): 833-848.

Palmberg C, Martikainen O, 2006. Diversification in response to ICT convergence-indigenous capabilities versus R&D alliances of the Finnish telecom industry[J]. Info, 8(4): 67-84.

Patel P, Pavitt K, 1997. The technological competencies of the world's largest firms: Complex and pathdependent, but not much variety[J]. Research Policy, 26(2): 141-156.

Phelps C C, 2010. A longitudinal study of the influence of alliance network structure and composition on firm exploratory innovation[J]. Academy of Management Journal, 53(4): 890-913.

Podolny J M, Page K L, 1998. Network forms of organization[J]. Annual Review of Sociology, 24: 57-76.

Poppo L, Zenger T, 2002. Do formal contracts and relational governance function as substitutes or complements? [J]. Strategic Management Journal, 23(8): 707-725.

Portes A, 1998. Social capital: Its origins and applications in modern sociology[J]. Annual Review of Sociology, 24: 1-24.

Porter M E, 2000. Location, competition, and economic development: Local clusters in a global economy[J]. Economic Development Quarterly, 14(1): 15-34.

Powell W, 1990. Neither market nor hierarchy: Network forms of organization[J]. Research in Organizational Behavior, 12: 295-336.

Powell W W, 1998. Learning from collaboration: Knowledge and networks in the biotechnology and pharmaceutical industries[J]. California Management Review, 40(3):

228-240.

Powell W W, Dimaggio P J, 1991. The new institutionalism in organizational analysis[M]. Chicago, IL: University of Chicago Press.

Powell W W, Koput K W, Smith-Doerr L, 1996. Inter-organizational collaboration and the locus of innovation: Networks of learning in biotechnology[J]. Administrative Science Quarterly, 41(1): 116-145.

Powell W W, Koput K W, SmithDoerr L, et al, 2002. The spatial clustering of science and capita: Accounting for biotech firmventure capital relationship[J]. Regional Studies, 36(3): 299-313.

Powell W W, White D R, Koput K W, et al, 2005. Network dynamics and field evolution: The growth of interorganizational collaboration in the life sciences[J]. American Journal of Sociology, 110(4): 1132-1205.

Reagans R, McEvily B, 2003. Network structure and knowledge transfer: The effects of cohesion and range[J]. Administrative Science Quarterly, 48(2): 240-267.

Reagans R, Zuckman E, McEvily B, 2004. How to make the team: Social networks vs. demography as criteria for designing effective teams[J]. Administrative Science Quarterly，49(1)：101-133.

Rodan S，Galunic C，2004. More than network structure：How knowledge heterogeneity influences managerial performance and innovativeness[J]. Strategic Management Journal，25(6)：541-562.

Rosenkopf L，Tushman M，1998. The coevolution of community networks and technology：Lessons from the flight simulation industry[J]. Industrial and Corporate Change，7(2)：311-346.

Rowley T，Behrens D，Krackhardt D，2000. Redundant governance structures：An analysis of atructural and relational embeddedness in the steel and semiconductor industries[J]. Strategic Management Journal，21(6)：369-86.

Sammarra A，Biggiero L，2008. Heterogeneity and specificity of inter-firm knowledge flows in innovation networks[J]. Journal of Management Studies，45(4)：800-829.

Sampson R C，2007. R&D alliances and firm performance：The impact of technological diversity and alliance organization on innovation[J]. Academy of Management Journal，50(1)：364-386.

Sampson R C，2004. Organizational choice in R&D alliances：Knowledgebased and transaction cost perspectives[J]. Managerial and Decision Economics, 25(6-7): 421-436.

Schilling M, Phelps C, 2007. Interfirm collaboration networks and knowledge creation: The impact of large scale network structure on firm innovation[J]. Management Science, 53(7): 1113-1126.

Schubert P, Lincke D, Schmid B, 1998. A global knowledge medium as a virtual community: The net academy concept[J]. Proceedings of the Fourth Americas Conference on Information Systems, 8: 618-620.

Schulz M, 2001. The uncertain relevance of newness: Organizational learning and knowledge flows[J]. Academy of Management Journal, 44: 661-81.

Schmid A, 1972. Analytical institutional economics[J]. American Journal of Agriculture Economics, 54: 893-901.

Schotter A, 1981. The economic theory of social institutions [M]. Cambridge: Cambridge University Press.

Shan W, Walker G, Kogut B, 1994. Interfirm cooperation and startup innovation in the biotechnology industry[J]. Strategic Management Journal, 15(5): 387-394.

Silverman, Brian S, 1999. Technological resources and the direction of corporate diversification: Toward an integration of the resource-based view and transaction cost economics[J]. Management Science, 45(8): 1109-1124.

Simon H A, 1961. Administrative behavior[M]. 2nd ed. New York: Macmillan.

Stirling A, 2007. A general framework for analysing diversity in science, technology and society[J]. Journal of the Royal Society Interface, 4(15): 707-719.

Subramaniam M, Venkatraman N, 2001. Determinants of transnational new product development capability: Testing the influence of transferring and deploying tacit overseas knowledge[J]. Strategic Management Journal, 22: 359-78.

Subramaniam M, Youndt M A, 2005. The influence of intellectual capital on the types of innovative capabilities [J]. Academy of Management Journal, 48(3): 450-463.

Suzuki J, Kodama F, 2004. Technological diversity of persistent innovators in Japan: Two case studies of large Japanese firms[J]. Research Policy, 33(3): 531-549.

Szulanski G, Cappetta R, Jensen R J, 2004. When and how trustworthiness matters: Knowledge transfer and the moderating effect of causal ambiguity[J]. Organization Science, 15(5): 600-613.

Tan Y C, Ndubisi N O, 2014. Evaluating supply chain relationship quality, organisational resources, technological innovation and enterprise performance in the palm oil processing sector in Asia[J]. Journal of Business & Industrial Marketing, 29(6): 487-498.

Tapscott D, Williams D A, 2006. Wikinomics: How mass collaboration changes everything[M]. New York: Penguin Group Inc.

Teece D, 1992. Competition, cooperation, and innovation: Organizational arrangements for regimes of rapid technological progress[J]. Journal of Economic Behavior and Organization, 18(1): 1-25.

Teece D J, Pisano G, Shuen A, 1997. Dynamic capabilities and strategic management[J]. Strategic Management Journal, 18(7): 509-533.

Tortoriello M, Krackhardt D, 2010. Activating cross-boundary knowledge: The role of Simmelian ties in the generation of innovations[J]. Academy of Management Journal, 53(1): 167-181.

Tsai K H, 2009. Collaborative networks and product innovation performance: Toward a contingency perspective [J]. Research Policy, 38(5): 765-778.

Tsai K H, Hsu T T, 2014. Cross-functional collaboration, competitive intensity, knowledge integration mechanisms, and new product performance: A mediated moderation model[J]. Industrial Marketing Management,43(2): 293-303.

Tsai W, 2001. Knowledge transfer in intraorganizational networks: Effects of network position and absorptive capacity on business unit innovation and performance[J]. Academy of Management Journal, 44(5): 996-004.

Uzzi B, 1996. The sources and consequences of embe ddedness for the economic performance of organiza tions: The network effect[J]. American Sociological Review, 61 (4): 674-698.

Uzzi B, 1997. Social structure and competition in interfirm networks: The paradox of embeddedness[J]. Administrative Science Quarterly, 42(13): 35-37.

Uzzi B, Lancaster R, 2003. Relational embeddedness and learning: The case of bank loan managers and their clients [J]. Management Science, 49(4): 383-399.

Uzzi B, Spiro J, 2005. Collaboration and creativity: The small world problem[J]. American Journal of Sociology, 111(2): 447-504.

Van Aken J E, Weggeman M P, 2000. Managing learning in

informal innovation networks: Overcoming the Daphne-dilemma[J]. R&D Management, 30(2): 139-150.

Vanhaverbeke W, Beerkens B, Duysters G, 2004. Exploration and exploitation in technology-based alliance networks [J]. Academy of Management Proceedings, 8:151-165.

Vasudeva G, Anand J, 2011. Unpacking absorptive capacity: A study of knowledge utilization from alliance portfolios[J]. Academy of Management Journal, 54(3): 611-623.

Velez M, Sanchez J M, Florez R, Alvarez-Dardet C, 2015. How control system information characteristics affect exporterintermediary relationship quality[J]. International Business Review, 24(5): 812-824.

Venkatraman N, Lee Chi-Hyon, 2004. Preferential linkage and network evolution: A conceptual model and empirical test in the U. S. video game sector[J]. Academy of Management Journal, 7(6): 876-892.

Vonortas N, 1997. Research joint ventures in the US[J]. Research Policy, 26(4): 577-595.

Watts D J, 1999. Networks, dynamics, and the small-world phenomenon[J]. The American Journal of Sociology, 105(2): 493-527.

Wei J S, Waiker G, Kogut B, 2000. Interfirm cooperation and startup innovation in the biotechnology industry[J]. Strategic Management Journal, 5(5): 387-394.

Whittaker E, Bower D J, 1994. A shift to external alliances for product development in the pharmaceutical industry[J]. R&D Management, 24(3): 249-260.

Whittaker E, Bower D J, 1994. A Shift to external alliances for product development in the pharmaceutical industry[J]. R&D Management, 24(3): 249-259.

Whittington K B, Owen-Smith J, Powell W W, 2009. Networks, propinquity, and innovation in knowledge-intensive industries[J]. Administrative Science Quarterly, 54(1): 90-122.

Williamson O E, 1979. Transaction cost economics: The governance of contractual relations[J]. Journal of Law and Economics, 22(10): 233-261.

Williamson O E, 2002. The theory of the firm as governance structure: From choice to contract[J]. The Journal of Economic Perspectives, 16(3): 171-195.

Williams P, Ashill N J, Naumann E, Jackson E, 2015. Relationship quality and satisfaction: Customerperceived success factors for on-time projects[J]. International Journal of Project Management, 33(8): 1836-1850.

Yli-Renko H, Autio E, Sapienza H J, 2001. Social capital, knowledge acquisition, and knowledge exploitation in young technology-based firms[J]. Strategic Management Journal, 22(6/7): 587-613.

Yuan F, Woodman R W, 2010. Innovative behavior in the workplace: The role of performance and image outcome expectations[J]. Academy of Management Journal, 53 (2): 323-342.

Zaheer A, Bell G G, 2005. Benefiting from network position: Firm capabilities, structural holes, and performance[J]. Strategic Management Journal, 26(9): 809-825.

Zaheer A, McEvily B, Perrone V, 1998. Does trust matter? Exploring the effects of interorganizational and interpersonal trust on performance[J]. Organization Science, 9(2): 141-159.

Zaheer A, Venkatraman N, 1995. Relational governance as an interorganizational strategy: An empirical test of the role of trust in economic change[J]. Strategic Management Journal, 16(2): 373-392.

Zahra S A, Ireland R D, Hitt M A, 2000. International expansion by new venture firms: International diversity, mode of market entry, technological learning and performance [J]. Academy of Management Journal, 43: 25-50.

Zhang X, Bartol K M, 2010. Linking empowering leadership and employee creativity: The influence of psychological empowerment, intrinsic motivation, and creative process engagement[J]. Academy of Management Journal, 53(1): 107-128.

Zhou K Z, Li C B, 2012. How knowledge affects radical innovation knowledge base, market knowledge acquisition, and internal knowledge sharing[J]. Strategic Management Journal, 33(9): 1090-1102.

Zollo M, Winter S G, 2002. Deliberate learning and the evolution of dynamic capabilities[J]. Organization Science, 13(3): 339-351.

Zukin S, DiMaggio P, 1990. Structures of capital: The social organization of the economy[M]. Cambridge: Cambridge University Press.

毕克贵, 2012. 组织间和组织内知识转移:对其前因后果的元分析及评估[J]. 管理世界, 4: 159-168.

曹宁, 任浩, 喻细花, 2015. 模块化组织中核心企业治理能力的内涵与结构——以海尔集团为例[J]. 科技进步与对策, 32(24): 65-70.

曹兴，宋娟，张伟，任胜刚，2010. 技术联盟网络知识转移影响因素的案例研究[J]. 中国软科学，4：62-72.

陈学光，徐金发，2006. 网络组织及其惯例的形成——基于演化论的视角[J]. 中国工业经济，4：52-58.

陈晓萍，徐淑英，樊景立，2012. 组织与管理的实证研究方法[M]. 北京：北京大学出版.

陈一君，2004. 基于战略联盟的相互信任问题探讨[J]. 科研管理，25(5)：41-45.

池仁勇，2007. 区域中小企业创新网络的结点联结及其效率评价研究[J]. 管理世界，1：105-121.

丹尼尔·W. 布罗姆利，1996. 经济利益与经济制度[M]. 陈郁，郭宇峰，汪春，译. 上海：上海人民出版社。

党兴华，刘兰剑，2006. 跨组织技术创新合作动因的两视角分析[J]. 科研管理，27(1)：55-61.

党兴华，刘景东，2013. 技术异质性及技术强度对突变创新的影响研究——基于资源整合能力的调节作用[J]. 科学学研究，1(31)：131-140.

党兴华，孙永磊，2013. 技术创新网络位置对网络惯例的影响研究——以组织间信任为中介变量[J]. 科研管理，4：1-8.

刁丽琳，朱桂龙，2015. 产学研联盟契约和信任对知识转移的影响研究[J]. 科学学研究，5：723-733.

谷盟，魏泽龙，2015. 中国转型背景下创新包容性、双元创新与市场绩效的关系研究[J]. 研究与发展管理，27(6)：107-115.

韩炜，杨俊，张玉利，2014. 创业网络混合治理机制选择的案例研究[J]. 管理世界，2：118-136.

韩炜，杨婉毓，2015. 创业网络治理机制、网络结构与新企业绩效的作用关系研究[J]. 管理评论，27(12)：65-79.

郝臣，2005. 信任、契约与网络组织治理机制[J]. 天津社会科学，5：64-68.

侯之泰，温忠麟，成子娟，2003. 结构方程模型及其应用[M]. 北京：北京教育科学出版社.

胡保亮，2015. 商业模式、创新双元性与企业绩效的关系研究[J]. 科研管理，36(11)：29-36.

黄俊，罗丽娜，陈宗霞，2012. 联盟契约控制与研发联盟风险——共同信任的中介效应研究[J]. 科学学研究，30(10)：1573-1578.

姜翰，金占明，2008. 企业间关系强度对关系价值机制影响的实证研究——基于企业间相互依赖性视角[J]. 管理世界，12：114-125.

李放，林汉川，刘扬，2010. 面向全球价值网络的中国先进制造模式构建与动态演进——基于华为公司的案例研究[J]. 经济管理，12：8.

李浩，2012. 社会资本视角下的网络知识管理框架及进展研究[J]. 管理世界，3：158-169.

李海舰，陈小勇，2011.企业无边界发展研究——基于案例的视角[J].中国工业经济，6：89-98.

李怀祖，2004. 管理研究方法论[M]. 西安:西安交通大学出版社.

李鹏翔，席酉民，张萌物，2004. 组织结构的立体多核网络模型[J]. 管理科学学报，7(5)：1-8.

李晓冬，王龙伟，2016. 基于联盟知识获取影响的信任与契约治理的关系研究[J]. 管理学报，13(6)：821-828.

李新春，顾宝炎，李善民，1998. 中外企业合作的战略联盟特征与技术学习[J].管理科学学报，4：44-50.

李瑶，刘婷，薛佳奇，2011. 治理机制的使用与分销商知识转移——环境不确定性的调节作用研究[J]. 科学学研究，29(12)：45-53.

李忆，司有和，2008. 探索式创新,利用式创新与绩效:战略和环境的影响[J]. 南开管理评论，5：4-12.

李永锋，司春林，2007. 合作创新战略联盟中企业间相互信任问题的实证研究[J]. 研究与发展管理，19(6)：52-60.

李志刚，汤书昆，梁晓艳，赵林捷，2007. 产业集群网络结构与企业创新绩效关系研究[J]. 科学学研究，25(4)：777-782.

李晓冬，王龙伟，2016.基于联盟知识获取影响的信任与契约治理的关系研究[J].管理学报，13(6)：821-828.

林明，任浩，2013.技术合作网络与个体行动者探索式创新行为的内在联系机理——以宁波江北仪器仪表集群技术合作网络为例[J].预测，1：31-36.

林润辉，李维安，2000.网络组织——更具环境适应能力的新型组织模式[J].南开管理评论，3：4-7.

林润辉，张红娟，范建红，2013.基于网络组织的协作创新研究综述[J].管理评论，25(6)：31-46.

林润辉，张红娟，范建红，帅燕霞，2009a.企业集团网络治理评价研究——基于宏基的案例分析[J].公司治理评论，1(4)：29-44.

刘刚，王岚，2014.公平感知,关系质量与研发合作关系价值研究[J].科研管理，35(8)：25-33.

刘群慧，李丽，2013.关系嵌入性、机会主义行为与合作创新意愿——对广东省中小企业样本的实证研究[J].科学学与科学技术管理，34(7)：83-94.

刘学，项晓峰，林耕，李明亮，2006.研发联盟中的初始信任与控制战略:基于中国制药产业的研究[J].管理世界，11：90-100.

刘雪梅，2012.联盟组合：价值创造与治理机制[J].中国工业经济，6：70-82.

刘益，赵阳，李垣，2010. 联盟企业的战略导向与知识获取——控制机制使用的中介与干预作用[J]. 管理科学学报，1(4)：85-94.

罗家德，2010. 社会网分析讲义[M]. 2版. 北京：社会科学文献出版社.

罗珉，何长见，2006. 组织间关系：界面规则与治理机制[J]. 中国工业经济，5：87-95.

马鸿佳，马楠，郭海，2017. 关系质量、关系学习与双元创新[J]. 科学学研究，35(6)：917-930.

梅亮，许庆瑞，2011. 创新网络研究述评[J]. 科技管理研究，10：18-25.

潘松挺，蔡宁，2010. 企业创新网络中关系强度的测量研究[J]. 中国软科学，5：108-116.

彭光顺，2010. 网络结构特征对企业创新与绩效的影响研究[D]. 广州：华南理工大学博士学位论文.

彭新敏，2009. 企业网络对技术创新绩效的作用机制研究：利用式、探索性学习的中介效应[D]. 杭州：浙江大学博士学位论文.

彭新敏，吴晓波，吴东，2011. 基于二次创新动态过程的企业网络与组织学习平衡模式演化——海天1971—2010年纵向案例研究[J]. 管理世界，4：138-149.

彭正银，2002. 网络治理理论探析[J]. 中国软科学，3：

50-54.

彭正银，2002．网络治理：理论的发展与实践的效用[J]．经济管理，8：23-27.

钱锡红，杨永福，徐万里，2010．企业网络位置、吸收能力与创新绩效——一个交互效应模型[J]．管理世界，5：118-129.

沈灏，李垣，2010．联盟关系、环境动态性对创新绩效的影响研究[J]．科研管理，1：77-85.

寿志钢，杨立华，苏晨汀，2011.基于网络的组织间信任研究——中小企业的社会资本与银行信任[J]．中国工业经济，9：56-66.

宋华，王岚，2009．企业间学习与信任互补作用于创新绩效吗？——基于企业间合作行为的视角[J]．科学学与科学技术管理，30(4)：159-165.

宋喜凤，杜荣，艾时钟，2013．IT外包中关系质量、知识共享与外包绩效关系研究[J]．管理评论，25(1)：52-62.

孙国强，2004．西方网络组织治理研究评介[J]．外国经济与管理，26(8)：8-12.

王大洲，2001．企业创新网络的进化与治理：一个文献综述[J]．科研管理，22(5)：96-103.

王飞绒，池仁勇，2011．基于组织间学习的技术联盟与企业创新绩效关系的实证研究——以生物产业为例[J]．研究与发展管理，23(3)：1-8.

王凤彬，陈建勋，2011. 动态环境下变革型领导行为对探索式技术创新和组织绩效的影响[J]. 南开管理评论，1：4-16.

汪秀婷，杜海波，江澄，等，2012. 技术创新网络中核心企业对创新绩效影响：沟通和信任的中介作用研究[J]. 科学学与科学技术管理，33(12)：37-44.

汪忠，黄瑞华，2006. 合作创新企业间技术知识转移中知识破损问题研究[J]. 科研管理，27(2)：95-101.

吴结兵，郭斌，2010. 企业适应性行为，网络化与产业集群的共同演化——绍兴县纺织业集群发展的纵向案例研究[J]. 管理世界，2：141-155.

吴晓冰，2009. 集群企业创新网络特征，知识获取及创新绩效关系研究[D]. 杭州：浙江大学博士学位论文.

武志伟，茅宁，陈莹，2005. 企业间合作绩效影响机制的实证研究——基于148家国内企业的分析[J]. 管理世界，9：99-106.

席酉民，唐方成，2002. 组织的立体多核网络模型研究[J]. 西安交通大学学报(自然科学版)，36(4)：430-435.

谢洪明，任艳艳，陈盈，等，2014. 网络互惠程度与企业管理创新关系研究-基于学习能力和成员集聚度的视角[J]. 科研管理，35(1)：90-97.

谢洪明，赵薇，陈盈，等，2012. 网络互惠程度与企业管理创新——基于知识流出视角的实证研究[J]. 科学学研究，30(10)：1584-1592.

谢永平，毛雁征，张浩淼，2011. 组织间信任、网络结构和知识存量对网络创新绩效的影响分析——以知识共享为中介[J]. 科技进步与对策，28(24)：172-176.

邢子政，黄瑞华，汪忠，2008.联盟合作中的知识流失风险与知识保护:信任的调节作用研究[J]. 南开管理评论，5：27-30.

徐和平,孙林岩,慕继丰，2002. 虚拟企业中知识扩散机制研究[J]. 科学学与科学技术管理，23(11)：45-48.

徐和平，孙林岩，慕继丰，2003. 产品创新网络及其治理机制研究[J]. 中国软科学，6：77-82.

徐和平，孙林岩，慕继丰，2004. 产品创新网络中的信任与信任机制探讨[J]. 管理工程学报，18(2)：55-59.

杨燕，高山行，2012.联盟稳定性、伙伴知识保护与中心企业的知识获取[J]. 科研管理，33(8)：80-89.

杨智，邓炼金，方二，2010. 市场导向，战略柔性与企业绩效：环境不确定性的调节效应[J]. 中国软科学，9：130-139.

叶江峰，陈珊，郝斌，2021. 互动式/非互动式知识搜寻对企业双元创新的差异化影响：知识距离的调节效应[J]. 管理评论，33(5)：305-331.

叶江峰，任浩，郝斌，2015. 企业内外部知识异质度对创新绩效的影响——战略柔性的调节作用[J]. 科学学研究，4：574-584.

叶江峰，任浩，郝斌，2016. 外部知识异质度对创新绩效曲线效应的内在机理——知识重构与吸收能力的视角[J]. 科研管理，37(8)：8-17.

叶江峰，任浩，陶晨，2014. 知识异质度推进企业创新的机制研究——基于文献回顾与整体框架构建[J]. 科学学与科学技术管理，35(9)：120-129.

叶江峰，任浩，陶晨，2013.分布式创新过程中企业间知识治理——基于多重概念模型与相关命题的研究[J]. 科学学与科学技术管理，34(12)：45-54.

尹苗苗，马艳丽，2014.不同环境下新创企业资源整合与绩效关系研究[J]. 科研管理，35(8)：110-116.

章丹，胡祖光，2013. 网络结构洞对企业技术创新活动的影响研究[J]. 科研管理，34(6)：34-41.

张红娟，谭劲松，2014. 联盟网络与企业创新绩效:跨层次分析[J]. 管理世界，3：163-169.

张巍，任浩，2012. Simmelian 联系与个体创新:知识分享意愿和共同知识基础的中介作用[J].管理科学，25(6)：55-64.

郑登攀，党兴华，2012.网络嵌入性对企业选择合作技术创新伙伴的影响[J]. 科研管理，33(1)：154-160.

郑文全，2012. 知识管理和知识管理系统：概念基础和研究课题[J]. 管理世界，5：157-169.

周长辉，曹英慧，2011. 组织的学习空间：紧密度、知识面与创新单元的创新绩效[J]. 管理世界，4：84-97.

周江华，刘宏程，仝允桓，2013. 企业网络能力影响创新绩效的路径分析[J]. 科研管理，34(6)：58-88.

周杰，2014. 联盟能力、关系质量与战略联盟企业间知识转移关系研究[J]. 情报科学，32(12)：123-128.

朱亚丽，孙元，狄瑞波，2012. 网络特性，知识缄默性对企业间知识转移效果的影响：基于网络特性调节效应的实证分析[J]. 科研管理，33(9)：107-115.

附　录　企业间合作创新管理调查问卷

尊敬的先生/女士：

　　您好！以下是企业间合作创新管理调查问卷，旨在了解企业间合作创新管理方面的情况。所有调查资料仅供学术研究之用，绝不对外公开。调查是无记名的，只关心整体结果，与您及您所在公司无任何利害关系，答案无对错之分，请您根据您的真实想法和实际情况填答。

　　您的合作对我们意义重大，在此深表感谢！如果您对本书感兴趣，请留下您的 Email 或者电话，我们可以把相关研究结果反馈给您。

一、个人基本信息(请在所选答案前打√)

1. 您的职务级别：□高层管理者　　　□中层管理者　　　□基层管理者
□一般员工
2. 您在该公司就职年限：□不足 2 年　　　□2～5 年　　　□6～10 年
□10 年以上
3. 您的工作内容：□战略规划　　□行政/人事　　□财务　　□生产/服务运营　　□营销　　□研发　　□其他

二、贵公司的基本信息(请在所选答案前打√)

1. 所有制性质：□国有/国有控股　　□民营　　□外商独资　　□中外合资
□其它
2. 员工数：□100 人及以下　　　□101～500 人　　　□501～1000 人
□1001～5000 人　　□5000 人以上
3. 成立至今有：□不足 2 年　　□2～5 年　□6～10 年　　　□11～15 年
□15 年以上

4.所属行业:企业当前主营业务所属行业领域:□电子信息、通信设备制造业　　□生物制药　　　□机械及仪器制造业;
□汽车制造　　□新材料、新能源　　□航空航天　　□其他行业
_____(请注明)

5.企业近3年每年平均销售额约为(人民币/元):□1亿以下　　□1～5亿
□6亿～10亿　　□11亿～30亿　　□31亿～60亿　　□61亿～100亿
□100亿以上

6.公司名称(说明:该问题不是用来记录贵公司或您个人的真实身份,只是为了识别来自同一家公司的问卷,公司名称不会用于其他任何分析。为了保证本书的科学性,恳请您给予支持。)
贵公司名称是(请填写):_____　　　　(非常重要,恳请支持)

	3.与同行相比,公司的主要产品生产技术水平较高	1	2	3	4	5	6	7
	4.与同行相比,公司核心技术的专利数量较多	1	2	3	4	5	6	7
	5.与同行相比,公司核心技术员工数量较多	1	2	3	4	5	6	7
战略柔性(SF)	1.公司同一种资源生产不同产品和服务的范围很广	1	2	3	4	5	6	7
	2.公司同一种资源生产不同产品和服务的转换成本和难度较小	1	2	3	4	5	6	7
	3.公司同一种资源生产不同产品和服务的转换时间较短	1	2	3	4	5	6	7
	4.公司能够发现未来机会,比现有及潜在竞争对手更快做出反应	1	2	3	4	5	6	7
	5.公司能够比现有及潜在竞争对手更快寻找到新资源或其组合方式	1	2	3	4	5	6	7
	6.公司能够比现有及潜在竞争对手更快开拓新市场	1	2	3	4	5	6	7
	7.公司能够在动态环境下有效处理资源使用问题	1	2	3	4	5	6	7

续　表

请您根据企业近 3 年的实际符合情况,在相应的数字上涂红或打"√"		影响不大		下降10%～20%			下降30%及以上	
组织冗余(OS)	1. 在技术部门随机抽出 10% 的人员,他们将会有同样的产出吗?	1	2	3	4	5	6	7
	2. 在技术部门缩减 10% 的经费,他们的工作会受到影响吗?	1	2	3	4	5	6	7

三、贵公司合作创新伙伴信息

请填写与贵公司合作创新关系密切的 6～8 个企业,选择相应合作年限与合作类型(本问卷的关键,非常感谢你的帮助)

合作年限:A、0～3 年;　B、4～5 年;　C、6～10 年;　D、10 年以上
合作类型:A、上游公司;　B、下游公司;　C、平行公司;

序号	合作创新密切公司名称	合作年限(年)	合作类型(选择)
1			
2			
3			
4			
5			
6			
7			
8			

四、根据合作情况,判断贵公司与合作伙伴的技术知识差异程度,在相应的数字上涂红或打"√"	完全不符	基本不符	有点不符	不确定	有点符合	基本符合	完全符合

企业间知识异质度（NH）	1.彼此间技术知识领域差别较大	1	2	3	4	5	6	7
	2.彼此间技术投资领域差别较大	1	2	3	4	5	6	7
	3.彼此间技术员工专业背景差别较大	1	2	3	4	5	6	7
	4.彼此间生产流程以及工艺差别较大	1	2	3	4	5	6	7
	5.彼此间专利申请门类差别较大	1	2	3	4	5	6	7
五、近3年来，与行业内企业平均水平相比，贵公司技术能力和市场能力情况，在相应数字上涂红或打"√"		完全不符	基本不符	有点不符	不确定	有点符合	基本符合	完全符合
技术能力（TC）	1.公司的产品制造、设计工艺品质较高	1	2	3	4	5	6	7
	2.公司产品设计部门与制造部门能够很好地协调沟通	1	2	3	4	5	6	7
	3.公司能在很大程度上将市场和客户的信息反馈到技术创新过程中	1	2	3	4	5	6	7
	4.公司从技术研发到产品设计具有很好的技术转移机制	1	2	3	4	5	6	7
市场能力（MC）	1.公司与主要客户之间关系密切	1	2	3	4	5	6	7
	2.公司对不同市场细分非常了解	1	2	3	4	5	6	7
	3.公司有高效的销售团队	1	2	3	4	5	6	7
	4.公司提供优质的售后服务	1	2	3	4	5	6	7
六、贵公司与合作创新伙伴的网络位置与网络关系								

续　表

根据真实感觉,判断贵公司与合作公司之间的网络特征,在相应的数字上涂红或打"√"		完全不符	基本不符	有点不符	不确定	有点符合	基本符合	完全符合
关系强度（NI）	1.接触程度密切	1	2	3	4	5	6	7
	2.合作中我们投入了大量的人、财、物资源	1	2	3	4	5	6	7
	3.与合作企业之间的合作交流范围较广	1	2	3	4	5	6	7
	4.该合作创新是一个双赢互惠的关系	1	2	3	4	5	6	7
关系质量（NQ）	1.彼此不会提出可能给对方利益造成严重损害的要求	1	2	3	4	5	6	7
	2.彼此不会有投机取巧行为	1	2	3	4	5	6	7
	3.彼此总会遵守承诺	1	2	3	4	5	6	7
网络中心性（NC）	1.发生创新联系时,更多的联系经过我们公司	1	2	3	4	5	6	7
	2.我们能够使用合作创新伙伴的创新资源解决公司面临的新问题	1	2	3	4	5	6	7
	3.其他企业能够较容易地与本企业建立联系	1	2	3	4	5	6	7
	4.公司在合作创新网络中贡献了更加丰富的知识	1	2	3	4	5	6	7
	5.公司在合作创新中有重要地位	1	2	3	4	5	6	7

七、贵公司的联盟治理机制

根据实际合作情况,判断贵公司联盟治理机制,在相应的数字上涂红或打"√"	完全不符	基本不符	有点不符	不确定	有点符合	基本符合	完全符合

续　表

信任治理 机制（RG）	1. 我们的合作伙伴是可以相信的	1	2	3	4	5	6	7
	2. 我们的合作伙伴总是遵守承诺	1	2	3	4	5	6	7
	3. 我们相信合作伙伴的能力	1	2	3	4	5	6	7
	4. 我们的合作伙伴在没有监测的情况下努力完成任务	1	2	3	4	5	6	7
契约治理 机制（CG）	1. 详细的契约是保证合作创新成功的最好办法	1	2	3	4	5	6	7
	2. 契约是管理合作创新最好的途径	1	2	3	4	5	6	7
	3. 合作创新双方都想把合作的细节都写在契约合同中	1	2	3	4	5	6	7

八、贵公司的创新绩效

在过去 3 年中，与行业内企业的平均水平相比，贵公司的技术创新情况，请在相应的数字上涂红或打"√"		非常低	比较低	有点低	行业平均	有点高	比较高	非常高
创新绩效 （IP）	1. 新产品数量增长程度	1	2	3	4	5	6	7
	2. 新产品的市场成功率	1	2	3	4	5	6	7
	3. 新产品的开发速度	1	2	3	4	5	6	7
	4. 专利数量增长程度	1	2	3	4	5	6	7
	5. 工艺流程、设备的先进程度	1	2	3	4	5	6	7
	6. 新产品销售额占销售总额的比重	1	2	3	4	5	6	7
根据您对公司近 3 年技术创新情况的真实感觉打分，请在相应的数字上涂红或打"√"		完全不符	基本不符	有点不符	不确定	有点符合	基本符合	完全符合

续　表

探索式创新（ERI）	1.经常尝试运用尚不成熟、有一定风险的新技术/技能	1	2	3	4	5	6	7
	2.经常尝试在一些全新的领域进行技术开发	1	2	3	4	5	6	7
	3.经常尝试同行业其他公司没有采用过的经营战略/战术	1	2	3	4	5	6	7
利用式创新（EII）	1.经常对已有的技术/技能进行改良，以适应市场需要	1	2	3	4	5	6	7
	2.努力提高已有的技术/技能在多个相关业务领域的适用性	1	2	3	4	5	6	7
	3.经常利用已有的技术/技能来增加产品/服务的功能和种类	1	2	3	4	5	6	7
	4.经常对公司积累的业务经验进行提炼，并应用于当前业务	1	2	3	4	5	6	7

九、贵公司的创新环境

根据真实感觉，评判公司近3年所处环境的变动，并在相应的数字上涂红或打"√"		完全不符	基本不符	有点不符	不确定	有点符合	基本符合	完全符合
市场环境（ME）	1.客户对产品和服务不断提出新的要求	1	2	3	4	5	6	7
	2.公司所面临的市场环境经常改变	1	2	3	4	5	6	7
	3.客户对产品/服务的数量和交货期的要求经常变化	1	2	3	4	5	6	7
技术环境（TE）	1.本行业技术变化迅速	1	2	3	4	5	6	7
	2.本行业技术退化严重	1	2	3	4	5	6	7
	3.预测本行业3年后的技术变化较困难	1	2	3	4	5	6	7
	4.技术变化为本行业提供了很大的机会	1	2	3	4	5	6	7

后 记

    本专著的主要内容来自笔者攻读博士学位期间以及工作后相关研究的综合成果,是 2022 年浙江省哲学社会科学规划课题后期资助项目(课题编号:22HQZZ47YB)。在本书修改过程中,要感谢同济大学发展研究院院长任浩教授、浙江水利水电学院经管学院万坤扬教授、安徽大学商学院叶江峰副教授给予的专业指导意见,使得本专著在研究意义与实践意义方面得以升华。

    同时感谢浙江水利水电学院经管学院院长赵志江教授、王心良教授给予本书科研项目支持,以及出版过程中浙江大学出版社曲静老师的专业帮助,使得本书能够顺利出版。

陶晨
2022 年 3 月 30 日